# BSV – LWS ▪ Easy-Buchreihe
## (Sachbücher/Ratgeber)

AF286562

# Markus Siegmaar

## Immer ganz cool bleiben

... für mehr Selbstvertrauen
und Wohlbefinden

Wie Sie Ihr Selbstwertgefühl
und Ihre Persönlichkeit stärken

Handlicher Ratgeber und nützlicher Begleiter
zur Überwindung von Minderwertigkeitsgefühlen
und fehlendem Durchsetzungsvermögen

BSV – LWS Easy-Buchreihe, 2. Auflage

Impressum:
© 2004 LWS Easy-Buchreihe
Brigitta Schmidt Verlag, Essen
Herstellung: Books on Demand GmbH

Alle Rechte bei der LWS Easy-Buchreihe!

ISBN 3-8311-2128-1

## Autor

Markus Siegmaar

**Wir im WEB:** www.brigitta-schmidt-verlag.de

## Weitere Titel der LWS Easy-Buchreihe
## Lernhilfe- und Sachbuchreihe

Deutsche Rechtschreibung – schnell kapiert!
lernpädagogisch sinnvoll!

Deutsche Grammatik – schnell kapiert!
lernpädagogisch sinnvoll!

Mathematik – schnell kapiert! (Sek. 1)
lernpädagogisch sinnvoll!

Klausuren und Prüfungen ohne Ängste schreiben
Mit gezielten Strategien Prüfungsängste überwinden

Mobbing erkennen und abwehren (demnächst))
Über den Umgang mit schwierigen Mitmenschen

Easy zum Rhetorik-Profi
Wie Sie durch Reden sicher überzeugen

Just Love. Abenteuer Liebe
Finden Sie jetzt Ihren Partner oder geben Sie Ihrer jetzigen Beziehung neuen Schwung. Entdecken Sie die Faszination, die von der Liebe und der Erotik ausgeht.

# Inhaltsverzeichnis

## 3. Stress – und nichts geht mehr?

### Anhang

# Vorwort

Selbstvertrauen – eine Liebeserklärung an sich selbst? Warum eigentlich nicht? Jeder von uns wünscht sich Selbstvertrauen. Viele von uns könnten mehr davon gebrauchen. Glauben Sie mir: Es ist weder egoistisch noch arrogant, sich selbst zu mögen. Es geht nicht darum, sich zwei starke Ellenbogen zu verschaffen, um sein soziales Umfeld blass aussehen zu lassen; es geht nicht darum, sich auf Kosten anderer die eigenen Vorteile rücksichtslos zu besorgen. Nein, hier geht es schlicht um die Selbstannahme als Mensch! Sie können mit Ihren Mitmenschen nur dann eine aufrichtige, gute Beziehung haben, wenn Sie sich selbst annehmen und mögen. Wenn Sie sich selbst ablehnen, mit sich selbst unzufrieden sind, wie soll Ihnen aus dieser Situation heraus ein aufrichtiger Umgang mit Ihren Mitmenschen gelingen? Wie soll es Ihnen gelingen, selbst ein zufriedenes und erfülltes Leben zu führen? Wenn Sie sich hingegen annehmen, dann wird es Ihnen ebenso gelingen, Ihre Mitmenschen anzunehmen und Ihre Interessen selbstbewusst in guter Beziehung mit Ihren Mitmenschen durchzusetzen. Was ist daran egoistisch oder gar verwerflich? Jeder Mensch hat mit Rücksichtnahme auf berechtigte Interessen anderer einen eigenen Anspruch auf die Erfüllung seiner Interessen. Dies setzt jedoch voraus, sich als Mensch anzunehmen, selbstbewusst zu agieren und zu reagieren. Dieses Buch wird Ihnen helfen, das hierzu erforderliche Verständnis zu entwickeln.

Sie werden lernen, ein selbstbewusstes, erfülltes Leben führen zu können, Manipulationstechniken von Mitmenschen zu erkennen und wirksam abzuwehren. Dies alles erfordert Ihrerseits ein selbstbewusstes Auftreten. Sie werden schließlich lernen, negative Stressoren gezielt abzubauen – für mehr innere und äußere Ausgeglichenheit.

Verschaffen Sie sich eine ruhige Leseumgebung und setzen Sie sich offen mit dem Inhalt dieses Buches auseinander. Sie haben nichts zu verlieren. Sie können jedoch sehr viel gewinnen. Markieren Sie für Sie wichtige Textstellen, um so das Nachlesen zu erleichtern. Befolgen Sie unbedingt die beschriebenen Übungen und Trainingseinheiten. Bedenken Sie bitte, dass die in diesem Buch aufgeführten Gedanken, Strategien und Übungen nur dann zum nennenswerten Erfolg führen, wenn sie immer wieder gewissenhaft gelesen bzw. trainiert werden. Seien Sie nicht enttäuscht, wenn der gewünschte Erfolg nicht sofort eintritt. Dies braucht Zeit! Oftmals über mehrere Monate. Dies ist völlig normal, wenn Sie sich die Lebensjahre bewusst machen, in denen es Ihnen nicht gegönnt war, ein gesundes Selbstvertrauen zu entwickeln. Dieses Buch wird Ihnen ein ständiger, hilfreicher Begleiter – ja, ein Freund – sein und immer wieder neue Kraft geben. Es wird Ihnen helfen, sich selbst und Menschen, die Ihnen wichtig sind, zu mögen. Sie müssen dies nur unbedingt wollen. Versprechen Sie mir das? Gut.

In diesem Sinne wünsche ich Ihnen nunmehr viel Erfolg mit diesem Buch und die Kraft und die Ausdauer, Ihrem Leben selbstbewusst neuen Schwung für mehr Freude und Wohlbefinden zu geben. Ja, leben Sie getreu dem Motto: "Immer ganz cool bleiben" – für ein glückliches und erfülltes Leben!

Der Autor

# 1. Selbstvertrauen

## 1.1. Grundsätzliches zum Thema Selbstvertrauen

Jeder Mensch strebt nach Selbstverwirklichung, will sein Leben in Würde leben. Das Leben ist jedoch kein vorgegebenes Paradies. Jeder muss sich als Mensch selbst behaupten, muss seinen Weg zum glücklichen, erfüllten Leben finden. Jedoch ist der Weg oftmals steinig. Das Leben hinterlässt Narben, welche uns vom Ziel der Selbstverwirklichung ablenken. Sowohl das Elternhaus als auch die Gesellschaft bringt uns ein Verhalten bei, das nur schwer mit dem Ziel der Selbstverwirklichung vereinbar ist. In der Folge haben zahlreiche Menschen ein Problem damit, ihre eigenen Vorzüge und Stärken zu erkennen und wirksam durchzusetzen. Statt dessen verhalten sie sich als Unterlegene bzw. Minderwertige, weil sie sich für unterlegen und minderwertig halten. Demütig erfüllen sie die Wünsche anderer. Hingegen bleiben die eigenen Wünsche unerfüllt. Die mangelnde Fähigkeit, das eigene Leben selbstbewusst in die Hand zu nehmen, macht sie zunehmend unsicherer. Sie verlieren die Fähigkeit, in eigener Sache aktiv zu werden und ziehen sich immer mehr auf sich selbst zurück. Die mangelnde Selbstsicherheit führt dazu, das eigene Leben von den Wünschen und Launen anderer bestimmen zu lassen. Dies führt zu noch größerer Unsicherheit, sodass diese Menschen selbst nicht mehr wissen, was sie sind und was sie eigentlich wollen. Die Unfähigkeit zur Selbstbehauptung macht diese Menschen schließlich unzufrieden und unglücklich zugleich. Sie sind nicht in der Lage, ihre inneren, positiven Potentiale, die ganz ohne Zweifel vorhanden sind, auszuschöpfen. Sie können sich daher im Wesentlichen nicht in ihrer eigenen Person – als Mensch – entwickeln. Das Leben ist von Ängsten sowie von Erfolglosigkeit geprägt und die Beziehungen zu anderen Menschen sind eher unterentwickelt.

Nun ist mangelndes Selbstbewusstsein, der Mangel an Vertrauen in die eigene Person, absolut nicht das Ergebnis mangelnder Intelligenz, sondern ausschließlich ein emotionales Problem. Folglich hat sich die Unfähigkeit, sich als Mensch zu behaupten, in der Phase des persönlichen Heranwachsens entwickelt. Mangelndes Selbstbewusstsein ist demnach mit all seinen unglücklichen Folgen erlernt. Andererseits eröffnet diese Tatsache eine große Chance: Wenn mangelndes Selbstbewusstsein erlernt ist, dann lässt es sich ebenso durch Lernen ablegen! Unbefriedigende Verhaltensformen, die Sie zu einem unsicheren und unglücklichen Menschen gemacht haben, lassen sich zu positiven, befriedigenden Verhaltensformen wandeln. Anders ausgedrückt: Ebenso, wie Ihnen ein neurotisches Verhalten beigebracht wurde, können Sie sich ein normales Verhalten beibringen. Die Erkenntnisse zum Thema Selbstbewusstsein, die Selbsterkenntnis sowie das nach modernen Erkenntnissen angewandte Selbstbewusstseinstraining werden es Ihnen ermöglichen, zu sich selbst zu finden, sich selbst zu behaupten und ein glückliches Leben zu führen. Bis dahin aber haben Sie noch ein großes Stück Arbeit vor sich. Sie wollen diese harte Arbeit leisten und die Herausforderung an sich selbst annehmen? Prima.

Zunächst ist es unerlässlich, elementare Erkenntnisse zum Thema Selbstbewusstsein und zum Thema Selbsterkenntnis zu gewinnen. Erst, wenn Sie in der Lage sind, Ihre unglückliche Situation zu begreifen, dann werden Sie diese Situation schließlich überwinden können. Eines jedoch wissen Sie jetzt schon: Mangelndes Selbstbewusstsein ist erlernt! Sie wissen auch, dass Menschen, die geringschätzig von sich denken, sich selbst einen großen seelischen Schaden zufügen. Egal, ob zwischenmenschliche Beziehungen, Beruf oder Freizeit: Alles im Leben leidet darunter, wenn Sie sich als Mensch anzweifeln und ablehnen. Ob Sie ein gesundes Selbstbewusstsein bzw. Selbstvertrauen besitzen, hängt einzig davon ab, wie Sie über sich selbst denken! Machen Sie sich diese Erkenntnis zu eigen, nisten Sie dieses Wissen unbedingt in Ihrem Kopf ein. Sie haben mit dieser Erkenntnis den Grundstein zur Erlangung von Selbstbewusstsein und Selbstbehauptung gelegt. Sie werden dies beim Durcharbeiten dieses Buches noch deutlich erkennen.

Wenn Sie schlecht von sich denken, sich permanent kritisieren und klein machen, dann fühlen Sie sich auch klein und minderwertig. Wenn Sie hingegen mit sich zufrieden sind, ein glückliches Leben führen, dann werden Sie sich auch mögen und nicht mehr mutlos und verzweifelt sein. Es ist daher Ihr gutes Recht, ja sogar Ihre Pflicht, nach Selbstverwirklichung und einem Leben mit Würde zu streben. Hierzu gehört es jedoch, dass Sie sich selbst annehmen, sich mögen – ja, sich selbst lieben! Sich selbst zu lieben, gibt Ihnen ein Gespür für aufrichtig gelebte Liebe. Dies ist die unbedingte Voraussetzung zur Fähigkeit einer aufrichtigen Liebe zu besonders nahe stehende Mitmenschen. Wer Liebe lebt, der kann Liebe geben! Was ist hieran im negativen Sinne egoistisch oder gar verwerflich? Ein gesundes Verhältnis zu sich selbst, ein gesundes Maß an Egoismus ist eng mit einer guten Beziehung zu den Mitmenschen verknüpft. Es geht also absolut nicht darum, sich in Eitelkeit zu frönen und von sich eingenommen zu sein. Solche Vorwürfe werden Sie ganz gezielt nur von jenen hören, denen Ihr gesundes Selbstbewusstsein nicht in das Konzept passt – dem Konzept des Ausnutzens anderer für die eigenen Zwecke, dem Konzept der demütigen Erfüllung der eigenen Wünsche durch andere Menschen. Fallen Sie nicht mehr auf diese List und Heimtücke herein, die gewollt darauf setzt, Schuldgefühle bzw. ein schlechtes Gewissen in Ihnen zu wecken, um Sie klein und gefügig zu machen. Sie haben als ganz individueller Mensch ein eigenes Recht auf freie Entfaltung Ihrer Persönlichkeit, im Einklang mit Ihrer natürlichen und sozialen Umgebung, von Aufrichtigkeit und Fairness geprägt. Es ist also keinesfalls hochmütig und unmoralisch, sich selbst zu mögen. Im Gegenteil: Menschen die sich aufrichtig mögen, sich also fair akzeptieren, haben es schlicht nicht nötig, sich für besser als andere zu halten und haben es daher auch nicht nötig, andere kleinzumachen. Sich selbst zu mögen, heißt aber auch, sich selbst nicht kleinzumachen, sondern sich selbst gegenüber so zu verhalten, wie man sich einem treuen, geliebten Freund gegenüber verhalten würde.

Ganz sicher gehört es sich nicht, einem Freund verletzende oder kränkende Worte an den Kopf zu werfen. Wenn Sie sich selbst gegenüber so verhalten, wie Sie sich einem treuen Freund gegenüber verhalten würden, dann haben Sie folglich keinen Anlass, sich selbst mit destruktiver Kritik zu verletzen sowie sich selbst unzufrieden und unglücklich zu machen. Sie haben keinen Anlass, ein krankhaftes, neurotisches Verhalten an sich zu dulden. Schließen Sie also mit sich "Freundschaft" und Sie können sodann alle positiven Verhaltensweisen an sich selbst geben, wie Sie diese einem treuen Freund weitergeben würden. Schmieren Sie sich also nicht jeden Fehler aufs Butterbrot und sagen Sie nicht immer wieder von sich selbst, was sie doch für ein Versager sind. Sie würden sich doch ganz sicher einem treuen Freund gegenüber auch nicht so verhalten. Oder? Sicherlich nicht!

Behalten Sie an dieser Stelle bitte folgendes im Kopf:

Ob Sie ein gesundes Selbstbewusstsein besitzen, ob Sie in der Lage sind, sich selbst zu behaupten, ob Sie glücklich sind, hängt einzig davon ab, wie Sie über sich denken. Des Weiteren lassen sich neurotische Verhaltensweisen wie mangelndes Selbstvertrauen durch Lernen ablegen. Sie müssen dies alles nur wirklich wollen! Hierzu müssen Sie vor allem lernen, sich zu mögen. Denn ohne gesunde Selbstliebe gibt es keine aufrichtige Nächstenliebe. Wer Liebe an sich selbst nicht kennt, weiß nicht, was Liebe wirklich ist. Wenn Sie sich selbst für minderwertig und wertlos halten, dann werden Sie diesem Irrtum auch in Bezug auf die Wertschätzung anderer verfallen. Noch einmal: Nur, wer Selbstliebe wahrnimmt, kann Nächstenliebe weitergeben! Halten Sie sich also nicht für anmaßend egoistisch oder gar eitel, wenn Sie sich mögen. Seien Sie nicht Ihr eigener Feind, sondern schließen Sie mit sich Freundschaft – werden Sie Ihr Freund! Verhalten Sie sich selbst gegenüber so, wie Sie sich einem treuen Freund gegenüber verhalten würden.

Sie halten meine Ausführungen und Schlussfolgerungen bisweilen für übertrieben oder sogar anmaßend? Nun, dann geben Sie mir bitte die Chance, meine Ausführungen zu begründen! Im Gegenzug erhalten Sie die wunderbare Chance, Selbstbewusstsein zu entwickeln und sich anderen gegenüber zu behaupten. Einverstanden? Prima. Ganz sicher wird Ihr Ziel, mehr Selbstvertrauen zu gewinnen, nicht "mal so eben" zu erreichen sein. Dies ist ein zäher, mitunter langer Lernprozess. Ein erster Schritt auf den sicherlich steinigen Weg zu mehr Selbstvertrauen ist die Selbsterkenntnis. Sie müssen Ihre bisherige Situation verstehen und begreifen lernen, wenn Sie Ihre Selbstverwirklichung bewirken wollen. Sie müssen zunächst die Ursachen für Ihr mangelndes Selbstvertrauen und der hieraus resultierenden mangelnden Selbstbehauptung kennen. Hiermit beschäftigen sich die nun nachfolgenden Seiten. Lesen Sie sich diese Seiten gewissenhaft durch; lernen Sie, Ihre bisher missliche, unglückliche Lage zu ergründen und machen Sie sich die hieraus gewonnenen positiven Aspekte zu eigen, indem Sie sie, sobald Sie das Buch "durchgearbeitet" haben, für sich ganz persönlich umsetzen.

## 1.2. Ursachen für mangelndes Selbstvertrauen

Die Ursachen für mangelndes Selbstvertrauen sind ziemlich komplex und dennoch eng miteinander verknüpft. Schuld am Vertrauensverlust in die eigene Person sind die fast ausschließlich "anerzogenen" Ängste – nicht zu verwechseln mit der dem Grunde nach nützlichen, "angeborenen" Angst des Menschen, die auch als natürliche Angst bezeichnet wird.

Angst ist also nicht gleich Angst! Während die anerzogenen Ängste eine negative Wirkung auf uns haben, übt die angeborene Angst im Wesentlichen eine positive Wirkung auf uns Menschen aus. Die natürliche Angst ist allen Menschen angeboren. Folglich ist es ganz natürlich, wenn wir Angst verspüren. Ja, es wäre fatal, wenn uns das Gespür für Angst verloren gegangen wäre. Der vor Gefahren warnende Instinkt käme so möglicherweise nicht mehr rechtzeitig zum Einsatz. Ich möchte hiermit im Sinne einer differenzierten Darlegung zwischen anerzogenen Ängsten und angeborener Angst folgendes zum Ausdruck bringen: In uns allen lebt aus längst vergangener Zeit, in der wir Menschen ebenso wie alle Tiere einen harten Überlebenskampf führten, ein sehr nützlicher, lebenswichtiger Urinstinkt weiter. Dieser Urinstinkt heißt "Angst"!

# 19

Das Gespür für natürliche Angst hilft uns Menschen, drohende Gefahren rechtzeitig wahrzunehmen, um aus dieser Situation heraus das zum Überleben zwingend erforderliche Verhalten freizusetzen. So können wir zur Verteidigung des eigenen Lebens noch rechtzeitig zum "Angriff" übergehen oder die "Flucht" ergreifen. Heute jedoch scheinen wir unsere Urangst kaum noch als solche zu verspüren. Dennoch ist sie immer gegenwärtig, ist sie immer existent, auch wenn wir nicht mehr das Raubtier als ständige, unmittelbare Bedrohung des Menschen empfinden. Vielmehr ist es das Leben um uns herum, ist es der Erfolgsdruck einer modernen Gesellschaft, der uns Menschen das "Fürchten" lehrt. Der Umgang mit der Urangst hat sich somit zu einer geänderten, ständigen Herausforderung für alle Menschen entwickelt.

Sie dürfen also den Tatbestand von angeborener Angst und von den anerzogenen Ängsten nicht vermischen. "Natürliche" Angst sollten Sie auch weiterhin verspüren, ohne diese Angst mit mangelndem Selbstbewusstsein gleichzusetzen. Ziel muss es jedoch sein, die in uns bestehende, unauflösliche Angst so zu steuern, dass sie dem heutigen Zivilisationsstandard angemessen "erfahren" werden kann. Hierbei kommt es im Wesentlichen darauf an, die Urangst situationsbedingt angemessen zu kanalisieren. Wir Menschen sind auf ein gesundes Maß Angst angewiesen, um uns vermeintlichen Gefahren stellen zu können. Denken Sie also nicht pauschal, dass Angst immer Ausdruck von mangelndem Selbstvertrauen sei. Dem ist absolut nicht so! Während sich der vermeintlichen Urangst durchaus Positives abgewinnen lässt, haben die anerzogenen Ängste eine durchweg negative Wirkung auf uns. Während die angeborene Angst uns schon im Mutterleib mit Selbstbewusstsein reifen lässt, sind es die zum späteren Zeitpunkt anerzogenen Ängste, die unser Selbstbewusstsein – das Vertrauen in die eigene Person –, zerstören.

Mangelndes Selbstbewusstsein ist also keinesfalls angeboren, sondern ausschließlich anerzogen! Sie können diesen Umstand nicht ganz nachvollziehen? Dann lesen Sie sich bitte diesen Abschnitt zunächst nochmals durch. Sie sollten ohnehin dieses Buch mehrmals lesen und zu Ihrem ständigen Begleiter werden lassen, der Ihnen als treuer Freund die Möglichkeit gibt, ein selbstbewusstes, selbstbestimmtes und selbsterfülltes Leben zu führen sowie die Möglichkeit, stets neuen Mut zu fassen, wenn Sie mal verzweifelt und mutlos sind. Oder glauben Sie meinen Ausführungen nicht, weil Sie gelernt haben, Menschen immer zu misstrauen und daher ebenso wenig daran glauben können, dass jemand da ist, der es gut mit Ihnen meint?

# 21

Bestimmt werden Sie anders darüber denken, wenn ich Ihnen den Zusammenhang zwischen den anerzogenen Ängsten und mangelndem Selbstbewusstsein darlege. Lassen Sie mich bitte diese Chance wahrnehmen. Sie haben nichts zu verlieren! Sie können nur gewinnen! Vergessen Sie nicht, dass dieses Handbuch Ihnen stets ein treuer Freund sein will, den Sie überall mitnehmen können, der Sie nicht im Stich lässt, wenn Sie mal mutlos sind.

Woher kommt denn nun mangelndes Selbstbewusstsein? Sicherlich stimmen Sie mit mir darin überein, dass niemand mit einen mangelndem Selbstwertgefühl auf die Welt kommt, dass niemand als stets unzufriedener und unglücklicher Kritiker geboren wird. Wenn uns Menschen das permanente Nörgeln an uns selbst nicht angeboren ist, dann muss die Ursache hierfür anderswo liegen. Richtig? Lassen Sie uns nun einen Schritt weitergehen! Wir alle haben in den ersten Lebensjahren das Laufen und das Sprechen gelernt und auch gelernt, unsere natürliche Umgebung sowie das soziale Umfeld wahrzunehmen – mit zahlreichen Risiken und Chancen, die hiermit verbunden sind. Wir haben gelernt, uns Dinge einzuprägen. Wir haben aber auch die Erfahrung gemacht, für Dinge, die schief laufen, bestraft zu werden. Wir haben demnach gelernt, uns zu kritisieren! Wir haben gelernt, uns mit den

Fähigkeiten anderer zu vergleichen. Daraus folgernd haben wir gelernt, die eigenen Anforderungen so hoch zu stecken, dass wir oft schon zwangsläufig scheitern müssen. Lernen ist ein Prozess, der im Wesentlichen von äußeren Einflüssen gesteuert wird. Damit haben wir auch gelernt, Kritik an uns zu üben, wenn etwas schief läuft. Und ganz sicher war es nicht nur konstruktive Kritik. Ja, heute sind wir es selbst, die wir uns so behandeln, wie wir früher von anderen behandelt wurden. Diese anderen sind in erster Linie unsere Eltern, Geschwister, Gleichaltrige, Oma und Opa sowie andere maßgeblich an der kindheitlichen Entwicklung bzw. Erziehung beteiligte Personen.

Sie stimmen im Grundsatz mit mir überein, haben aber dennoch gewisse Zweifel an meiner Aussage? Dann lassen Sie mich nun diese Zweifel ausräumen!

Es gibt keinen Menschen, den es bereits im Mutterleib vorbestimmt ist, sich abzulehnen. Folglich muss der Mensch von Geburt an dazu erzogen worden sein, sich selbst abzulehnen. Menschen, die sich selbst ablehnen, sind also nicht die Verursacher ihrer eigenen Ablehnung. Es waren andere, die uns unschöne Worte wie Feigling, Weichei, Fettsack, Spargeltarzan, Wicht, Zwerg, Bohnenstange, Dummkopf, Klugscheißer, Taugenichts und Versager an den Kopf geworfen haben. Als Kind waren wir nicht in der Lage, derartige Äußerungen rational zu verarbeiten und entsprechend objektiv einzuordnen. Von klein auf haben wir Menschen daher das Gefühl, dass mit uns irgend etwas nicht stimmt -- wenn auch oftmals eher unbewusst -- und dass wir deshalb gegenüber anderen Menschen minderwertig sind. Statt der Möglichkeit, von klein auf ein Gefühl der Selbstachtung zu entwickeln und auch schwierigere Situationen gewissermaßen cool (gelassen) angehen zu können, wurden Zweifel an der eigenen Person erzeugt. Menschen, die an sich selbst zweifeln, können sich nicht mögen und nehmen statt dessen ihre Erfahrungen zum Anlass, sich selbst eher abzulehnen, statt sich seiner anzunehmen. Menschen, die sich ablehnen, haben ein Problem damit, die Dinge rational und mit dem nötigen Abstand der Objektivität zu sehen. Sie nehmen sich nicht die Zeit, die Dinge mit der erforderlichen Ruhe und Gelassenheit anzugehen. Sie sehen sich nicht in der Lage, "objektiv cool" zu bleiben.

Wie aber können sich Menschen, die sich selbst ablehnen, aus den eigenen, traumatischen Ich-Zustand befreien? Ganz sicher kann diesen Menschen hier niemand eine knappe, vorgefertigte Antwort geben. Die Veränderung des Ich-Zustandes (Ist-Zustand des Ich-seins) zu einer positiven Lebenseinstellung ist ein zäher Lernprozess, den kein Mensch erzwingen, sondern den Menschen lediglich "erfahren" können. Sie sind also zunächst darauf angewiesen, etwas über das Warum Ihres Ich-Zustandes zu erfahren, um die eigene Situation begreifen und schließlich verändern zu können. Ist Ihnen das Wort "Transaktionsanalyse" ein Begriff? Nun, es gibt absolut keinen Grund zu Selbstzweifeln, wenn Sie diesen Begriff nicht kennen sollten. Mir selbst sagt dieses Wort auch nur seit der Auseinandersetzung mit psychatrisch-medizinischen Grundlagen sowie der Psychotherapie etwas aus. Es ist also keine Bildungslücke, wenn Sie diesen Begriff bisher noch nicht gehört haben. Die Transaktion im speziell psychologischen Sinne lässt sich in etwa als seelische Beziehung zwischen zwei Menschen bezeichnen. Während der eine etwas – nämlich sein Verhalten – anbietet, nimmt der andere dieses "Angebot" an, indem er entsprechend reagiert. Zwischen beiden Menschen findet ein Geben und Nehmen statt. In der Psychologie sagt man: Immer übt ein bestimmter Ich-Zustand des Senders einen Reiz auf den Empfänger aus, der darauf mit verbalen oder nicht-verbalen Verhaltenssignalen seines jeweils angesprochenen Ich-Zustandes reagiert. Die Transaktionsanalyse soll nunmehr helfen, die Vorgänge zwischen zwei Menschen verstehen zu lernen. Hierbei hilft die Erkenntnis, dass der einzelne Mensch sich oftmals unterschiedlich verhält und verschiedene Ich-Zustände annehmen kann. Dennoch bilden die verschiedenen Ich-Zustände ein einheitliches System des jeweiligen Denkens, Fühlens und Handelns. Im "Kind-Ich-Zustand" denken, fühlen und handeln wir so, wie wir es als Kind taten. Im "Eltern-Ich-Zustand" denken, fühlen und handeln wir so, wie es unsere Eltern taten. Der Eltern-Ich-Zustand enthält Gebote, Verbote und allgemein gültige Normen und Werte – er kritisiert und stützt uns! Im "Erwachsenen-Ich-Zustand" beobachten wir, wägen wir ab und treffen Entscheidungen und glauben von uns, die Entscheidungen rational und "selbst" getroffen zu haben. Nun möchte ich meine Darlegungen nicht unnötig komplizieren. Schließlich ist dies ein Anwenderbuch für mehr Selbstbewusstsein und nicht in erster Linie eine wissenschaftliche Expertise. Es ist ein hilfreiches Buch für alle Menschen, die sich betroffen fühlen und ihre missliche, unglückliche Lage ändern wollen.

Lassen Sie uns also folgendes festhalten: Der Mensch kann sich oftmals unterschiedlich verhalten und hierbei im Verlauf seines Lebens immer wieder drei verschiedene Ich-Zustände annehmen, und zwar den Kind-Ich-Zustand, den Eltern-Ich-Zustand und den Erwachsenen-Ich-Zustand. Wesentlich scheint mir im Zusammenhang mit mangelndem Selbstbewusstsein der Eltern-Ich-Zustand zu sein, obgleich die verschiedenen

Ich-Zustände eng miteinander verknüpft sind. Ich möchte nun versuchen, Ihnen die Transaktion aus psychologischer Sicht verständlich zu machen. Denn der Weg zum Erreichen von Selbstbewusstsein und Durchsetzungsvermögen führt über die Selbsterkenntnis, führt über das Begreifen der eigenen, misslichen Lage, um aus dieser Situation heraus mit dem "neuen Lernen" und der "eigenen Umerziehung" beginnen zu können.

Wir haben bereits festgestellt, dass es nicht vorbestimmt ist, sich selbst abzulehnen, sondern dass es anerzogen ist, dass Menschen sich selbst ablehnen. Irgendwo in uns "thront" ein Beobachter, der unser Verhalten überwacht, der darüber urteilt, ob wir gut oder schlecht davon kommen. Statt aufmunternde Worte, hat er nur entmutigende Worte für uns übrig und beschränkt sich hierbei darauf, uns permanent auf unsere Schwächen und Fehler aufmerksam zu machen. Er ist stets bereit, und immer schnell dabei, uns zu kritisieren und zu verurteilen. Von unseren Stärken nimmt er keine Notiz oder spielt sie einfach herunter. In seiner Art schreibt er uns vor, wie wir zu leben haben. Ein Verstoß gegen seine Vorschriften wird erbarmungslos geahndet, indem er uns mit massiven Vorwürfen überschüttet und uns ein schlechtes Gewissen einredet sowie große Schuldgefühle in uns hervorruft.

Ja, er ist sehr geschickt, wenn es darum geht, unser Selbstwertgefühl anzugreifen. Er wirft uns vor, ein Feigling, ein Weichei, ein Dummkopf und ein Versager zu sein. Es gelingt ihm schließlich, uns in den Glauben zu lassen, dass wir tatsächlich minderwertig und schlecht sind. Er will uns weismachen, dass wir immer nur versagen und immer selbst Schuld daran haben, wenn mal etwas schief läuft.

Wer aber ist dieser Beobachter? Wie gelingt es mir, ihn zu "entthronen" und aus meinem Leben zu verbannen? Wie schaffe ich es, ihm die Maske zu entreißen, bloßzustellen und mundtot zu machen, um seinen Einfluss zurückzudrängen oder ganz zu beseitigen? Glauben Sie mir: Dieser Beobachter ist nur so mächtig, weil wir Menschen ihn bislang als gegeben hingenommen haben und keine Vorstellung darüber hatten, wie wir ihn unschädlich machen können. Jedoch wird Ihnen dieses Buch dabei helfen, Ihren Beobachter zum Schweigen zu bringen und mit etwas Übung sogar ganz aus Ihrem Leben zu verbannen. Wer aber ist dieser Saboteur Ihres Wohlbefindens? Wie bekomme ich ihn zu fassen und wie mache ich ihn mundtot?

Nun, es ist der Kritiker in uns, jene innere Stimme, die uns permanent einzureden versucht, alles falsch zu machen, egal, was wir auch tun. Der "innere Kritiker" ist unermüdlich in seinem Bestreben, uns zu ertappen, wenn wir Schwächen zeigen oder Fehler machen. Lassen Sie uns den inneren Kritiker die Maske abnehmen, hinter der er sich bisher gekonnt versteckt hat. Denn der innere Kritiker konnte sich nur deshalb voll entwickeln und entfalten, weil wir ihn als geschickter Saboteur nicht wahrgenommen haben. Nun aber sind Sie bereit, diesem Spuk ein Ende zu setzen und den inneren Kritiker die Maske zu entreißen. Ja, der innere Kritiker, der Saboteur Ihres Wohlbefindens, ist kein anderer, als der Vater oder die Mutter oder eine andere Person mit großem Einfluss auf Ihre kindheitliche Entwicklung bzw. Erziehung! Es waren vor allem die Eltern, die Sie bewusst oder unbewusst – also ohne den Eltern nun böswillige Absichten unterstellen zu wollen – immer wieder auf Ihre Schwächen und Fehler aufmerksam gemacht und Sie mit abweisenden Worten oder Verhaltensweisen bestraft haben. In Ihren kleinen Kinderaugen waren die Eltern allwissend und allmächtig. Sie mussten also recht haben, mit dem, was sie sagten oder taten. Es musste also die Wahrheit sein, wenn sie Ihnen sagten, dass Sie zu nichts taugten und Sie es ebenso nie zu etwas bringen würden. Als Kind hatten Sie keine Möglichkeit, derart massive Anschuldigungen oder weniger massive Verletzungen rational nachzuvollziehen und sich gegen derartige Misskundgebungen zu wehren. Dennoch wussten Sie – bewusst oder unbewusst –, dass es nicht möglich war, ohne Ihre Eltern zu überleben. Sie waren auf die Verhaltensweisen Ihrer Eltern angewiesen. Sie waren von Ihnen abhängig, um selbst leben oder sogar überleben zu können. Niemals aber wollten Sie von Ihren Eltern abgelehnt oder verstoßen werden. Als Kind waren Sie einmal mehr bestrebt, von Ihren Eltern akzeptiert, ja geliebt zu werden. Also passten Sie sich an, in der Angst, sie sonst zu verlieren. Sie machten sich die Ansichten Ihrer Eltern weitgehend zu eigen und beherzigten das, was Ihnen Ihre Eltern sagten, wenn auch gelegentlich unter murren.

Ja, der innere Kritiker hat sich die Vorstellungen der Eltern weitestgehend zu eigen gemacht. Im Erwachsenenalter sind wir es selbst, die wir uns für unser "Fehlverhalten" kritisieren. So hören wir die Eltern noch sagen: "Du taugst nichts; Du bist zu nichts zu gebrauchen; Aus dir wird nie etwas; Du hast nur dummes Zeug im Kopf; Mit dir muss man sich immer wieder blamieren; Nimm dir ein Beispiel an deine jüngere Schwester; Was sollen bloß die Leute denken?; Warum musste ich gerade dich bekommen?; Du bringst mich noch ins Grab; Du bist ja so blöd; Du dumme Gans; Du bist stinkfaul; Du bis ein ganz böses Kind; Du bis ein Versager; Was du auch anpackst, es geht immer schief".

Bitte lassen Sie mich folgendes klarstellen, bevor ich meine Ausführungen weiter fortsetze: Es geht keinesfalls darum, die Eltern nun pauschal zu verurteilen. Und ganz sicher gehören derartige Misskundgebungen nicht in jedem Elternhaus zum Umgangston! Warum Sie Ihren Eltern verzeihen und mit Ihnen Frieden schließen sollen, hat mehrere, teilweise pragmatische Gründe. Hierauf werde ich nachfolgend noch näher eingehen.

Eines jedenfalls steht fest: Werden die zuvor beschriebenen oder ähnliche Aussagen oft genug gebetsmühlenartig wiederholt, so verinnerlicht sich im Kind das Bild des Versagers. Das Kind ist nicht in der Lage, die Tragweite elterlicher Misskundgebungen rational abzuschätzen. Es wird sich als schlecht und gering einschätzen. Wenn es aber geringschätzig von sich denkt, dann fügt es sich einen großen seelischen Schaden zu, der das Schicksal des heranwachsenden Menschen weiter bestimmen wird. Denn das Kind hat ein gestörtes Verhältnis zu sich selbst entwickelt. Das in der Wiege gelegte, angeborene Selbstbewusstsein und Selbstvertrauen ist schließlich mehr und mehr verloren gegangen.

Sicherlich werden Sie nun verstehen, warum ich auf den Eltern-Ich-Zustand als den besonders herausra-

genden Ich-Zustand in Bezug auf mangelndes Selbstbewusstsein verwiesen habe. Ich habe aber auch darauf verwiesen, dass Sie lernen können, Ihre missliche
Lage zu verändern, dass SIE es in der Hand haben,
sich durch eigenes Umerziehen wieder mehr Selbstbewusstsein zu verschaffen.

Haben Sie folgende Aussage noch im Kopf behalten?
Ob Sie ein gesundes Selbstbewusstsein besitzen, ob
Sie in der Lage sind, sich als Mensch selbst zu behaupten, hängt einzig davon ab, wie Sie über sich
selbst denken! Nun, wenn Sie sich bewusst werden,
dass Ihr Selbstwertgefühl und Ihr Selbstvertrauen einzig davon abhängt, wie Sie über sich selbst denken,
dann muss es Ihnen doch möglich sein, das Denken
über sich selbst zum Positiven zu korrigieren. Richtig?
Hierbei muss es Ihnen nunmehr gelingen, Ihren inneren Kritiker zum Schweigen zu bringen und durch eine
positive, aufmunternde Stimme zu ersetzen. Sie werden ab heute lernen, mehr Selbstvertrauen zu entwickeln, um die verschiedensten Problemstellungen, die
im Laufe Ihres Lebens gelegentlich auftreten, selbstbewusst meistern zu können. Sie haben sich fest vorgenommen, Ihr Leben selbstbewusst in den Griff zu
bekommen, neue Hoffnungen zu schöpfen und wieder
Glück und Freude zu empfinden? Gut, dann lassen Sie
uns weiter arbeiten, bevor wir eine Pause einlegen!

Zunächst kommt es jedoch darauf an, Ihren Eltern zu verzeihen, mit Ihnen Frieden zu schließen. Sie müssen hierbei berücksichtigen, dass Eltern ebenso Alltagsprobleme und Ängste haben wie andere Menschen auch. Hinzu kommt, dass Eltern wiederum das Opfer Ihrer Eltern sind. So können sie nicht Selbstvertrauen an die Kinder weitergeben, wenn sie dieses Selbstvertrauen selbst nicht besitzen. Sie haben nämlich ebenso von Ihren Eltern gelernt, nur stets darauf Rücksicht zu nehmen, was andere Leute von ihnen denken, statt darauf zu achten, was man von sich selbst denkt. In der Psychologie spricht man hier von einer "Blockade der Selbstverwirklichung." Demnach haben es die meisten Eltern ebenso wie ihre Kinder nicht gerade leicht, einen wirksamen Umdenkungsprozess einzuleiten. Deshalb möchte ich meinen Appell, sich nicht zu verurteilen, zugleich an jene Eltern richten, denen es nicht möglich war, Selbstvertrauen in ihrer Kindheit aufzubauen. Selbstverständlich sind alle Menschen mit Schwächen und Fehlern behaftet, Eltern nicht ausgenommen. Jedoch kommt es lediglich darauf an, Schwächen und Fehler zu erkennen, ehrlich mit ihnen umzugehen und alles zu tun, das eigene Selbstwertgefühl und das Selbstvertrauen der Kinder zu stärken. Denn durch die "Irrtümer" der meisten Eltern wird das ursprünglich vorhandene Selbstwertgefühl, somit das Selbstvertrauen der Kinder erheblich beeinträchtigt, wenn nicht sogar zerstört. Dennoch müssen wir – wie bereits angesprochen – als Betroffene bereit sein, unseren Eltern oder Großeltern zu verzeihen und Frieden mit ihnen zu schließen. Nur so kann der Betroffene nunmehr selbst die Verantwortung für sein Verhalten übernehmen und es gibt keinen Grund mehr, die Schuld für sein Unglück bei seinen Eltern zu suchen. Sie kommen um die Übernahme von eigener Verantwortung nicht umher, da Ihnen Ihre eigene Umerziehung folglich nur in eigener Verantwortung gelingen kann. Sind Sie bereit, Ihren Eltern oder anderen maßgeblich an Ihrer Erziehung beteiligte Personen zu verzeihen? Gut! Sie können dies jedoch auch stillschweigend für sich tun, wenn es Ihnen aus den Umständen heraus anders nicht möglich erscheint. Wenn Sie Ihren Eltern verziehen und Frieden geschlossen haben, sind Sie ganz persönlich für sich selbst verantwortlich und es liegt nun einzig an Ihnen, ob Ihnen das Umdenken gelingen wird. Keine Sorge, ich lasse Sie hierbei ganz bestimmt nicht im Stich! Dieses Buch wird Ihnen dabei helfen, künftig ein in eigener Verantwortung, selbstbewusstes und erfülltes Leben zu führen.

Sie haben ohnehin schon einige Erkenntnisse über sich selbst gewinnen können, die Ihnen behilflich sein werden, mit der Umsetzung Ihres neuen, glücklicheren Lebens beginnen zu können.

Lassen Sie mich bitte kurz auf den angeblich existierenden Versager-Typen eingehen. Auch wenn Sie wirklich gelegentlich mal versagt haben, so stellen Sie vor sich selbst unmissverständlich klar, dass Sie als "Mensch" niemals ein Versager sein können. Denn Sie werden immer ein Mensch bleiben, unabhängig vom Ergebnis Ihres Verhaltens. Sie können als Mensch weder zum Tier noch zum Versager werden. Egal, was Sie auch tun, Sie werden immer ein Mensch bleiben! Sie können lediglich in Ihrem Verhalten versagen. Das Verhalten jedoch ist veränderbar und lässt sich über Lernen an die Erfordernisse einer zu bewältigenden Situation anpassen. Und es zeichnet jeden von uns als Mensch aus, aus Fehlern zu lernen und sein Verhalten künftig hiernach auszurichten. Denken Sie bitte daran: Mensch bleiben Sie immer, egal, ob Sie hier und dort mal versagt haben! Was Sie jetzt brauchen, ist die Chance, sich als Mensch zu akzeptieren und mit allen Schwächen und Fehlern anzunehmen, die übrigens alle Menschen immer wieder mal machen. Entscheidend ist einzig, selbstbewusst aus den Schwächen und Fehlern zu lernen! Viele Ihrer Fehler werden sich sodann nicht wiederholen und Sie werden mit mehr Selbstbewusstsein auch Ihre Selbstentmutigung in den Griff bekommen und nicht vor lauter Selbstzweifel einfach aufgeben, bevor Sie etwas ausprobiert haben. Dieser nützliche Begleiter wird Ihnen stets eine Hilfe sein und Ihnen neben Ihren eigenen Anstrengungen mehr Selbstvertrauen geben können. Allein die Tatsache, dass Sie Zeile für Zeile bisher geduldig gelesen haben, zeigt mir, dass Sie willens sind, Ihre missliche Situation zum Positiven zu wenden. Und das zeigt mir, dass Sie es schaffen können!

Lassen Sie uns eine kleine Nachschau über einige Gedanken machen und ganz kurz die wesentlichen Aussagen zusammenfassen:

Mangelndes Selbstbewusstsein ist absolut nicht das Ergebnis mangelnder Intelligenz, sondern ausschließlich ein emotionales Problem. Ebenso ist niemand von Geburt an ohne Selbstwertgefühl. Mangelndes Selbstbewusstsein ist lediglich anerzogen. Da uns der innere Kritiker anerzogen ist, können wir seinen Einfluss durch Umerziehen zumindest auf ein erträgliches Maß reduzieren oder diesen gar gänzlich zum Schweigen bringen. Ob wir ein gesundes Selbstbewusstsein besitzen, hängt einzig davon ab, wie wir über uns selbst denken. Neurotische Verhaltensweisen wie mangelndes Selbstvertrauen lassen sich daher durch Lernen und gezieltes Umdenken ablegen. Angst ist nicht gleich Angst! Somit kann das Verspüren von Angst nicht pauschal mit mangelndem Selbstvertrauen gleichgesetzt werden. So lässt sich der angeborenen

Angst durchaus Positives abgewinnen, während die anerzogenen Ängste einen durchweg negativen Einfluss auf uns ausüben. Selbst wenn Sie hier und dort mal versagen, so bleiben Sie dennoch immer ein Mensch! Ihr Verhalten ist veränderbar und eröffnet Ihnen somit die Chance, ein selbstbewusstes, zufriedenes und erfülltes Leben zu führen.

Sie wollen weiter an sich arbeiten? Sie sind fest entschlossen, sich vom mangelnden Selbstwertgefühl und von den quälenden Selbstzweifeln zu befreien? Gut. Im nun folgenden Kapitel werden Sie lernen, wie Sie durch weitere Erkenntnisse und mit gezielten Übungen Ihr Selbstwertgefühl steigern können. Sie werden "erfahren", dass Sie ganz sicher ein lebenswerter Mensch sind. Nun wird es aber endlich an der Zeit, sich ein wenig abzulenken. Gönnen Sie sich jetzt erst einmal eine Verschnaufpause, bevor Sie Ihre Arbeit mit diesem Buch fortsetzen. Sie haben sich Ihre Pause wirklich verdient.

## 1.3. So steigern Sie Ihr Selbstwertgefühl

Sie haben nunmehr viel über die Ursachen von mangelndem Selbstbewusstsein erfahren. Die Ursachen zu kennen ist außerordentlich wichtig, um aus dieser Erfahrung heraus das Selbstwertgefühl zu steigern und ein selbstbewusstes und erfülltes Leben führen zu können. Jetzt geht es darum, die Lügen des inneren Kritikers mit gezielten Strategien zu entlarven, ihn dabei zu ertappen, zu schwächen oder gar zu beseitigen, wenn er wieder einmal dabei ist, Sie klein zu machen und Ihr Wohlbefinden zu zerstören. Ein selbstbewusstes, erfülltes Leben wird Ihnen jedoch nur dann gelingen, wenn Sie die von mir vorgeschlagenen Strategien, Übungen, Empfehlungen und Tipps über einen längeren Zeitraum anwenden. Lesen Sie Tag für Tag in diesem Buch, arbeiten Sie hart und diszipliniert Zeile für Zeile durch, lassen Sie keinen Tag verstreichen, an dem Sie sich zumindest eine Stunde mit diesem Handbuch als Ihren Freund und Begleiter beschäftigen. Ja, dieses Buch will und wird Ihnen dabei helfen, Ihr Leben wieder in den Griff zu bekommen, selbstbewusst auftreten und endlich wieder lachen zu können. Es ist jedoch nicht damit getan, Ihren Kritiker zwei oder drei Mal kontra zu geben. Sie müssen wirklich täglich mit diesem Buch als Ihr Freund arbeiten. Einverstanden? Dann lassen Sie uns nun weiter daran arbeiten, den permanenten Angriff Ihres inneren Kritikers auf Ihr Wohlbefinden zunächst zu schwächen und schließlich für immer erfolgreich abzuwehren.

Jetzt kommt es darauf an, Ihren inneren Kritiker mit der gleichen Beharrlichkeit und Hartnäckigkeit zu bekämpfen, wie er diese Eigenschaften Ihnen gegenüber zur Schwächung Ihres Wohlbefindens immer wieder geschickt einsetzt. Sie haben das Laufen auch nur dadurch gelernt, dass Sie als Kind jedes Mal wieder aufgestanden, wenn Sie hingefallen sind. Zeigen Sie Ihrem Kritiker, dass SIE der Herr über sich sind!

Nachdem Sie die Ursachen von mangelndem Selbstwertgefühl im Wesentlichen kennen, muss es Ihnen jetzt darum gehen, Ihren inneren Kritiker als Lügner zu entlarven. Hierzu haben Sie eine einfache, jedoch zugleich wirksame Waffe bereits zur Hand: Die Wahrheit! Ihr Kritiker meidet die Wahrheit wie der Teufel das Weihwasser. Dies ist gar nicht verwunderlich, ist es doch die WAHRHEIT ÜBER SIE, die der Kritiker meidet. Wenn Sie die Wahrheit über sich selbst kennen, an diese als einzig aufrichtige Wahrheit über Ihre Person glauben, dann haben Sie keinen Grund mehr, in Selbstzweifel zu verfallen. Sie haben sodann die wirksamste Waffe Ihres Kritikers – die Lüge – stumpf gemacht und damit Ihrem Kritiker die Basis seiner Macht genommen. Wenn Sie an sich selbst und Ihren bisher verborgenen Fähigkeiten glauben, dann steigern Sie damit zugleich Ihr Selbstvertrauen, erstarken mehr und mehr und sind schließlich in der Lage, Angriffe Ihres inneren Kritikers gezielt abzuwehren.

Nun glauben Sie bitte nicht, dass sich Ihr Kritiker so einfach geschlagen gibt. Ihr innerer Kritiker ist beharrlich und hartnäckig in seinem Bestreben, Ihr Wohlbefinden zu schwächen oder zu zerstören. Sie erinnern sich? Anfängliche Rückschläge sollten Sie daher nicht gleich entmutigen. Setzen Sie Ihrem Kritiker die gleiche Beharrlichkeit und Hartnäckigkeit entgegen!

Wenn Sie sich in der Situation befinden, in der Sie mutlos sind und schlecht von sich denken, wenn Sie also Ihren Kritiker bei seinen Lügen ertappen, dann stellen Sie sich bitte folgende Frage: Stimmt das, was mir meine innere Stimme, mein innerer Kritiker sagt? Entspricht das den Tatsachen, wenn mein Kritiker mir sagt, dass ich zu nichts zu gebrauchen wäre, dass ich ein Versager bin?

Nun ist die Zeit gekommen, in der Sie am Zuge sind, in der Sie zur Waffe greifen – zur Wahrheit! Auf die Frage, ob Sie tatsächlich ein Versager sind, antworten Sie jetzt mit einem klaren NEIN! Und wenn Sie sich selbst gegenüber ehrlich sind, also sich die Wahrheit sagen, dann bleibt Ihnen wirklich nur die Möglichkeit, diese Frage ganz deutlich mit einem Nein zu beantworten.

Ganz sicher werden Sie in Ihrem Leben bereits mehrmals versagt haben, so wie übrigens alle anderen Menschen auch. Sind Sie und alle anderen Menschen deshalb Versager und immer nur unglücklich? Schauen Sie sich doch bitte einmal um; sicherlich kennen Sie Menschen, die ebenso wie Sie hier und dort Fehler gemacht haben und es dennoch zu etwas gebracht haben und insgesamt zufrieden mit dem sind, was sie erreicht haben und sich an Wünsche (Urlaub, Auto, schicke Wohnung, nette Menschen, u.v.m.) erfüllen können – Menschen die eine insgesamt positive Einstellung zu sich und ihrem Leben haben. Auch Sie sind, wenn Sie hier und dort wieder mal versagt haben, ebenso wenig wie alle anderen Menschen noch lange kein Versager. Wie alle anderen Menschen haben Sie es in der Hand, Ihr Leben glücklich zu gestalten. Übrigens: Als Versager-Typ würde Ihr ganzes Leben lang alles schief laufen. Egal, was Sie anpackten, Sie würden immer und immer wieder in allem versagen. Dies ist völlig irrational, unrealistisch und schlicht nicht möglich. Das Laufen und Sprechen Lernen, ja selbst die Fähigkeit des Lernens und Handelns im Allgemeinen, würde Ihnen versagt bleiben. Sie werden jetzt bei objektiver Betrachtung ganz bestimmt denken: So etwas gibt es doch gar nicht! Und Sie haben Recht: So etwas gibt es wirklich nicht! Oder haben Sie beispielsweise in der Schule nur und wirklich nur "Sechsen" oder bestenfalls mal, wenn Sie "gut drauf" waren, "Fünfen" geschrieben? Sie haben Recht, wenn Sie dies verneinen. Und in der Tat gibt es keinen Menschen, der nur von einem Fettnäpfchen in das andere tritt. Als Versager jedoch würden Sie unentwegt vom einen in das andere Fettnäpfchen treten. Glauben sie etwa, dass soviel gebündelte Tolpatschigkeit auf Sie zutrifft? Kann das wirklich stimmen, was Ihnen Ihr innerer Kritiker weis zu machen versucht? Mal ganz ehrlich und Hand aufs Herz: Sie können hier wirklich nur mit einem klaren Nein antworten! Das ist doch schon mal sehr beruhigend für Sie. Oder? Höre ich Sie gerade zustimmen? Schön; denn Sie haben jetzt schon Grund dazu, stolz auf sich zu sein.

Im Übrigen begeht Ihr innerer Kritiker den Fehler, Ihr Verhalten mit Ihrer Person als Mensch gleichzusetzen. Jedoch wissen Sie inzwischen, dass Ihr Verhalten etwas anders ist, als Sie als Person. Sie wissen, dass Sie in Ihrem Verhalten durchaus versagen können, Sie aber dennoch ein Mensch bleiben. Gleichgültig, wie oft Sie versagen, Mensch jedenfalls bleiben Sie immer. Sie können als Mensch weder ein Gegenstand noch ein Versager sein. Sie werden immer ein Mensch bleiben. Sie sind nicht, was Sie tun! Sie sind also nicht das selbe wie Ihr Verhalten! Wenn Sie sich mal dumm verhalten, dann sind Sie dennoch kein Dummkopf. Schauen Sie sich an, Sie werden sehen, Sie sind immer noch ein Mensch.

Überwinden Sie jetzt bitte einfach mal Ihren Scham, und "bellen" Sie drei Mal laut auf. Geben Sie die Laute "Wuff", "Wuff", "Wuff" von sich und schlagen Sie zugleich drei Mal die Hände übereinander. Stehen Sie auf und treten Sie vor den Spiegel. Was sehen Sie? Etwa einen Hund, einen Affen? Oder sehen Sie sich selbst im Spiegel? Nun, Sie sehen, dass Sie weder zum Hund noch zum Affen geworden sind. Sie sehen sich selbst als Person, Sie sehen das, was man als Mensch bezeichnet. Ja, Sie sehen das, was Sie wirklich sind – einen Menschen! Sie haben es nunmehr selbst sehen und erfahren können: Ihr Verhalten ist etwas anderes, als das, was Sie wirklich sind. Es ist etwas anderes, als Ihre Person! Sie sind nicht das, was Sie tun. Folglich können Sie niemals ein Versager sein, wenn Sie mal mit dem, was Sie tun, versagen! Schauen Sie in den Spiegel und Sie werden sehen, dass Sie ein Mensch geblieben sind, der Sie immer sein werden, egal, was Sie auch tun. Davon abgesehen können Sie Ihr Verhalten schließlich ändern. Dies alles hat nichts mit Wortspielerei zu tun. Es macht nun einmal einen Unterschied, ob man vom "Versagen" oder vom "Versager" spricht. Denn ganz gewiss ist Ihre Stimmung dahin, fühlen Sie sich völlig entmutigt, wenn Sie sich als Versager bezeichnen. Hingegen fühlen Sie sich nicht ganz so schlecht, ist Ihre Stimmung nicht gleich auf den Nullpunkt, wenn Sie sich sagen, dass Sie mal versagt haben, deshalb aber noch lange nicht immer versagen werden. Sie wissen, dass Sie aus Ihren Fehlern lernen können und diese sich daher nicht zwangsläufig wiederholen müssen.

Wenn Ihr innerer Kritiker Sie also bloßstellen, Sie als Versager hinstellen will, dann tun Sie bitte folgendes: Treten Sie vor den Spiegel, und schauen Sie sich in die Augen. Ich weiß, dies erfordert zunächst Überwindung. Sagen Sie nun Ihren inneren Kritiker: "Du willst mich zum Versager machen, du willst mir weismachen, ein großer Trottel, ein Taugenichts zu sein. In Wahrheit jedoch bin ich ein Mensch, der wie alle Menschen immer mal einen Fehler macht. Du wirst mich nicht mehr mit Lügen blenden. Ich werde deine Lügen entlarven. Ich werde nicht mehr tatenlos zusehen, wie du mein Leben zerstörst. Ich werde dir von nun an stets widersprechen. Du wirst mir nicht mehr mein Selbstvertrauen nehmen. Ich brauche keinen Feind in mir, der mich mit Lügen belehren will und nur darauf wartet, mich mit Selbstzweifel und Unwohlsein abzustrafen. Von nun an will ich nur noch einen guten Freund in mir wohnen lassen, ein Stimme, die mir Mut macht, die mit mir lacht und mir Selbstvertrauen und Wohlbefinden gibt."

Sie wissen nun, dass ein großer Unterschied darin besteht, ob man davon spricht, mal versagt zu haben oder ob man sich vollends als Versager bezeichnet. Sie wissen, dass Sie lediglich in einer Situation versagen können, aber dennoch ein wertvoller Mensch bleiben. Sie wissen auch, dass Sie nicht alleine dastehen, sondern alle Menschen immer wieder mal in ihrem Verhalten versagen und deshalb noch lange nicht alle Menschen von sich glauben, Versager zu sein und deshalb unglücklich sein zu müssen. Und? Wie fühlen Sie sich? Spüren Sie diesen Unterschied? Prima.

Entlarven Sie auch die üblen Verallgemeinerungen Ihres Kritikers, selbst wenn Sie wiederholt versagt haben. Lassen Sie sich nicht von Ihren Kritiker einreden, dass Sie deshalb nun immer und immer wieder versagen werden. Fragen Sie sich: "Stimmt das, was mir mein innerer Kritiker einzureden versucht?" Denken Sie auch hier rational und bleiben Sie schlicht bei der Wahrheit. Antworten Sie: "Okay, ich habe einen Fehler gemacht. Dennoch kann ich nicht in die Zukunft sehen und kann daher auch nicht vorhersagen, ob ich wieder einen Fehler machen werde. Niemand kann sagen, was künftig passieren wird. Deshalb kannst auch du (der innere Kritiker) nicht vorhersagen, ob ich wieder versagen werde. Selbst, wenn die Wahrscheinlichkeit gegeben ist, wieder mal zu versagen, ist jedoch im gleichen Maße die Chance gegeben, das nächste Mal nicht zu versagen. Denn eines ist sicher: Es gibt keinen Menschen, der ausschließlich immer und bei allem versagt. Viel eher ist es wahrscheinlich, dass es beim zweiten oder dritten Mal klappen wird. Ich bin absolut nicht mehr gewillt, an mich strengere Maßstäbe zu legen, als an andere Menschen. Ich bin genauso wertvoll wie andere Menschen und habe daher den gleichen Anspruch, gerecht behandelt zu werden. Du wirst mich nicht mehr entmutigen. Du wirst mir nicht mehr mein Selbstvertrauen und mein Wohlbefinden zerstören. Du wirst keine Macht mehr über mich haben. Hierzu brauche ich dir nur die Wahrheit zu sagen."

Haben Sie nun das Gefühl, mal endlich Dampf abgelassen zu haben, etwas losgeworden zu sein, was Sie immer schon sagen wollten, aber nicht so recht wahrnehmen und in Worte fassen konnten? Höre ich Sie soeben ein klares JA sagen? Herzlichen Glückwunsch! Denn damit ist es Ihnen gelungen, Ihren inneren Kritiker zu durchschauen sowie aus der Kraft zu schöpfen, die Ihnen dieses Buch als Ihr jederzeit hilfreicher Begleiter und insbesondere als Ihr ganz persönlicher "Freund" gibt.

Nun ist Ihr innerer Kritiker sehr hartnäckig und es kann daher eine Weile dauern, bis Sie ihn wirklich besiegt haben. Sie haben jedoch einen Anfang gemacht und damit schon jetzt die Möglichkeit, seinen negativen Einfluss auf Ihr Selbstwertgefühl zu schwächen. Werfen Sie also nicht gleich die Flinte ins Korn, beginnen Sie nicht zu resignieren, nur weil Sie möglicherweise mehrere Monate oder sogar Jahre brauchen, um Ihren inneren Kritiker endgültig mundtot zu machen und aus Ihrem Leben für immer zu verbannen. Gleich aufzugeben, dass käme Ihren Kritiker sehr gelegen, denn das hilft ihn, seine Macht über Sie zu erhalten und weiterhin seinen negativen Einfluss auf Sie auszuüben. Seien Sie also stolz auf sich, wenn es Ihnen zunächst gelingt, Ihren Kritiker zunehmend zu schwächen. Dies ist bereits eine große Leistung. Sie haben damit wirklich schon viel erreicht und Sie werden dies auch hinsichtlich Ihres Wohlbefindens ganz sicher spüren. Sie werden sich schon bald deutlich wohler fühlen können. Es wird Ihnen mehr und mehr gelingen, Ihr Selbstvertrauen zu steigern. Sie werden Ihr Ziel erreichen, wenn Sie dies nur wollen und mitunter dieses Buch nicht nur lesen, sondern hart hiermit arbeiten.

Nachfolgend habe ich noch einige Übungen aufgeführt, die Sie als Teil Ihrer Strategie unbedingt durchführen sollten:

## Übung 1

Treten Sie vor den Spiegel, schauen Sie sich von Kopf bis Fuß an und sehen Sie sich dann in die Augen. Sagen Sie sich laut und deutlich: "Hallo, ich mag dich." Nehmen sie nun eine Steigerung vor; sagen Sie: "(Ihr Name), ich mag dich." Höre ich Sie gerade nur kleinlaut sprechen? Ich weiß, dass es Ihnen ziemlich schwer fällt, ja irgendwie widerstrebt, sich laut und deutlich zu sagen, dass Sie sich mögen. Jedoch haben Sie inzwischen gelernt, dass es wichtig ist, sich zu mögen und absolut normal ist, wenn man sich mag. Bisher fällt es Ihnen leichter, sich selbst zu entwürdigen. Stimmt's? Sie können hieran erkennen, wie sehr sich Ihr Kritiker breit gemacht hat und wie fest er sich in Ihnen eingenistet hat. Zudem ist dies ein Zeichen dafür, wie sehr Ihr Kritiker bisher noch seine Macht gegen Sie ausspielt. Andererseits haben Sie sich fest vorgenommen, ein selbstbewusstes, durchsetzungsfähiges und erfülltes Leben zu führen und Ihren Kritiker mundtot zu machen. Also, geben Sie sich einen Ruck (es hört und sieht niemand zu; Sie sind alleine im Raum), atmen Sie tief ein und wieder aus, treten Sie vor den Spiegel, sehen Sie sich in die Augen und sagen Sie laut und deutlich: "(Ihr Name), ich mag dich." Gut, das klappt doch schon besser! Je öfter Sie sich diese vier Worte sagen, um so besser wird es Ihnen gelingen, Ihre Scheu und Scham zu überwinden. Sagen Sie sich diese vier Worte mindestens vier Mal am Tag, beispielsweise morgens nach dem Aufstehen, in der Mittags- und Nachmittagszeit und vor dem Schlafengehen. Setzen Sie diese Übung für mindestens zwei Monate fort. Wenn Sie schließlich soweit sind, sich diese Worte liebevoll zu sagen, ganz so, als würden Sie diese Worte einem Menschen sagen, den Sie sehr mögen, dann sind Sie Ihrem Streben nach mehr Selbstvertrauen und Wohlbefinden ein sehr großes Stück näher gekommen. Nur Mut, Sie schaffen das schon! Außerdem haben Sie nichts zu verlieren, aber können sehr viel gewinnen!

## Übung 2

Nehmen Sie ein Blatt Papier und schreiben Sie einen kleinen "Liebesbrief" an sich selbst. Schreiben Sie so, als würden Sie einem anderen Menschen schreiben, den Sie sehr gerne haben. Sie möchten, dass ich Ihnen hierbei behilflich bin? Okay, ich möchte jedoch, dass Sie dieses Beispiel eines Liebesbriefes an sich selbst nicht einfach nur übernehmen, sondern einen

Liebesbrief mit Ihren eigenen Worten schreiben. Denn schließlich ist es IHR Liebesbrief! Dieses Beispiel kann Ihnen daher nur einige Hilfestellungen geben.

Lieber (Ihr Vorname),

Nun sitze ich hier und schreibe dir diesen Brief. Ganz ehrlich, es fällt mir nicht leicht, dir diesen Brief zu schreiben. Aber ich habe Sehnsucht nach dir und möchte von nun an glücklich mit dir sein. Gerne möchte ich dich von deiner Traurigkeit und deiner Verzweiflung befreien. Ich weiß, ich habe viel von dir gefordert und dir deine Fehler hart angekreidet. Ich weiß, dass ich dir großes Unrecht getan habe. Jedoch mag ich dich sehr, mit all deinen Schwächen und Fehlern. Und ich mag auch deine Stärken, die du zweifelsfrei hast. Ich weiß, es war nicht in Ordnung, dir immer nur deine Fehler vorzuhalten und dir andererseits die Anerkennung zu verweigern, wenn dir wieder mal etwas gelungen ist. Bitte verzeihe mir. Ich will von nun an stets zu dir halten und dir helfen,, wenn du traurig und verzweifelt bist. Ich möchte dich glücklich machen. Bitte vertraue mir. Ich mag dich sehr, denn du bist für mich ein einmaliger, wunderbarer Mensch. Ja, ich wünsche dir ganz aufrichtig ein glückliches Leben. Ich mag dich und ich werde dich immer sehr gerne haben. Lass mich nun bei dir sein und dich fest umarmen.

Lesen Sie sich Ihren Liebesbrief mindestens drei Mal täglich in Ruhe durch. Meiden Sie hierbei äußere Einflüsse, die Sie als störend empfinden. Suchen Sie einen ruhigen Raum auf oder setzen Sie sich auf einer Parkbank und lenken Sie Ihre mentale Energie ganz auf Ihren Liebesbrief, den Liebesbrief an sich selbst.

## Übung 3

Besorgen Sie sich ein Oktavheft, jenes kleine Heftchen, welches Sie überall mitnehmen können. Sehen Sie dieses Heftchen als zusätzlichen, nützlichen Begleiter, der Ihnen ebenfalls ein guter und treuer Freund sein will, der Ihnen ebenso helfen will, Ihr Leben selbstbewusst in den Griff zu bekommen.

Tragen Sie von nun an Ihre Erfolge und Fortschritte in Ihr Oktavheft ein. Sie können sich aber auch die bereits erzielten Erfolge wie Schulabschluss, sportliche oder handwerkliche Begabungen und Erfolge in Ihr Oktavheft eintragen. Finden Sie für alles, was Ihnen gelingt (und sei es noch so unscheinbar), einige lobende Worte, zum Beispiel: "Toll, wie dir das gelungen ist; Das hast du großartig gemacht". Loben Sie sich auch für Teilerfolge. So können Sie zum Beispiel folgende Worte in Ihr Heftchen eintragen: "Klasse, der erste Schritt ist getan. Nun bin ich meinem Ziel ein

Stückchen näher gekommen." Notieren Sie sich auch, wenn Sie von anderen Menschen gelobt werden oder wenn andere ein paar anerkennende Worte für Sie übrig haben. Nehmen Sie Komplimente anderer dankend an, statt sich verlegen eine falsche Bescheidenheit zuzulegen. Wenn Sie von anderen Menschen gelobt werden oder Anerkennung erfahren, dann werden Sie das ganz gewiss verdient haben und haben damit das Recht, hierauf stolz zu sein.

Lassen Sie sich von Ihren inneren Kritiker nicht die Worte "Eigenlob stinkt" einreden! Es geht überhaupt nicht darum, selbstherrlich und von sich eingenommen durch die Gegend zu ziehen sowie vor anderen Menschen mit Erfolgen anzugeben und sich selbst zu beweihräuchern. Nein, es geht einzig darum, auf Erfolge, die man erzielt hat, auch stolz sein zu dürfen. Schließlich sind die Erfolge in Eigenleistung oder in Gemeinschaft mit anderen in der Schule, im Beruf, in der Freizeit oder in weiteren Lebenssituationen (z. B. Beitrag zur Genesung eines kranken oder verzweifelten Menschen) erbracht worden. Wer Leistungen und Erfolge erbringt sowie Fortschritte macht, der hat das Recht zur Freude und das Recht, auch das an sich selbst gemachte Kompliment anzunehmen. Ihr Kritiker ist zutiefst unfair zu Ihnen. Er verlangt von Ihnen, zu Ihren Fehlern zu stehen, während er Ihnen Ihre Erfolge stets

versagen möchte. Dies ist unfair und zudem inkonse-
quent, aber wieder mal einer seiner faulen Tricks, um
Ihr Selbstbewusstsein zu zerstören. Sie haben also
absolut nichts Positives von Ihrem Kritiker zu erwarten.
Lassen Sie sich nicht mehr daran hindern, nach
Selbstverwirklichung zu streben. Schenken Sie seinen
Worten keinen glauben mehr. Beachten Sie ihn einfach
nicht. Ich weiß, er ist hartnäckig. Aber Sie haben sich
vorgenommen, ebenso hartnäckig zu sein und Ihren
inneren Kritiker durch Nichtbeachten und stetes In-
Frage-Stellen seiner Unterstellungen zu entwaffnen
und mundtot zu machen.

Sie möchten wissen, welche Dinge sich als Erfolge bezeichnen lassen? Sie haben ein Problem damit, Ihre
Erfolge wahrzunehmen und schriftlich festzuhalten? Es
ist Ihnen nicht bewusst, welche Erfolge Sie bisher erzielt haben? Nun, ich kenne Ihren persönlichen Wer-
degang nicht, ich bin mir aber ganz sicher, dass auch
Sie viele Erfolge vorzuweisen haben. Sie haben das
Laufen und das Sprechen gelernt, Sie haben als Kind
gelernt, eine Sandburg zu bauen und sich durchzusetzen, wenn ein anderes Kind Ihnen Ihr Schüppchen
wegnehmen wollte. Sie haben lesen, schreiben und
rechnen gelernt; nicht jede Klassenarbeit ist daneben
gegangen. Sie haben einen Schulabschluss und möglicherweise bereits eine abgeschlossene Berufsausbil-

dung. Vielleicht haben Sie bereits ein Studium absolviert. Sportlich können Sie sich als guter Läufer oder Schwimmer, Fußballspieler oder Tischtennisspieler, als ausdauernder Wanderer, Walker oder ähnliches schätzen. Oder Sie haben eine besondere Beziehung zur Natur, kennen die Lebensweise von zahlreichen Tieren. Sie haben eine Freundin, die Sie lieben oder einen Freund, den Sie nicht mehr hergeben möchten. Oder Sie haben Bekannte, zu denen Sie gute Kontakte pflegen und mit denen Sie auch über weniger belanglose Dinge reden können. Sie haben mit anderen Menschen gemeinsam gelacht und sie oft zum Lachen gebracht. Es gibt ganz sicher Dinge in Ihrem Leben, auf die Sie absolut stolz sein können.

Selbstverständlich besitzen Menschen unterschiedliche Talente und Fähigkeiten. Schließlich ist jeder Mensch einzigartig - ja, auch Sie! Demnach haben auch Sie Ihre ganz persönlichen Erfolge im Leben, auf die Sie stolz sein können. Also: Mit welcher Berechtigung soll das Negative gelten und das Positive nicht? Es gibt hierzu absolut keine Berechtigung! Sie haben das Recht, sich positiv zu sehen, Ihre Stärken zu erkennen und wahrzunehmen und selbstbewusst nach Selbstverwirklichung zu streben. Sie haben das Recht auf ein glückliches und erfülltes Leben. Sie haben es verdient glücklich zu sein!

## 1.4. Sagen Sie NEIN, wenn Sie NEIN meinen

Nein sagen zu können ist im unmittelbaren Zusammenhang mit selbstbewusstem Auftreten zu sehen. Das Vertrauen in die eigene Person verschafft Ihnen zugleich die Basis für mehr Durchsetzungskraft. Menschen mit Selbstvertrauen sind in der Lage, Ihre Wünsche und Ziele klar zu definieren und ebenso selbstbewusst durchzusetzen. Und wenn es sein muss, dann sind diese Menschen willens und fähig, anderen Menschen nein zu sagen, wenn sie nein meinen.

Mal ganz ehrlich: Haben Sie sich die zuvor beschriebenen Abschnitte zum Thema Selbstvertrauen durchgelesen? Wenn nein, dann möchte ich folgende zwei Sätze kurz an Sie richten: Um praktisch in jeder Situation ein klares Nein sagen zu können, müssen Sie in der Lage sein, Ihre persönlichen Meinungen und Vorstellungen selbstbewusst zu vertreten. Arbeiten Sie daher bitte zunächst die einzelnen Abschnitte zum Thema Selbstvertrauen durch, wenn Sie das noch nicht getan haben.

Um selbstbewusst zu agieren, müssen Sie Ihr Leben aktiv gestalten und sich Ziele setzen, die Ihr Selbstvertrauen stärken. Hierbei stehen nicht die Gefühle in den Vordergrund, obwohl Gefühle immer auch eine Rolle spielen und Ihr Wohlbefinden maßgeblich beeinflussen. Dennoch stehen die Gefühle erst an zweiter Stelle. In erster Linie steht das, was Sie tun, maßgeblich für die Steigerung Ihres Selbstwertgefühls. Sie brauchen Erfolge – für Sie messbare Erfolge, wenn Sie Ihr Selbstwertgefühl steigern wollen!

Nun sind Ihre Zielvorstellungen nicht unbedingt die Zielvorstellungen Ihrer Mitmenschen. Jeder Mensch hat seine eigenen Vorstellungen, seine eigenen Wünsche und Ziele, die er zum Erfolg führen möchte. Oftmals stehen Sie daher mit Ihren Zielvorstellungen in direkter Konkurrenz zu Ihren Mitmenschen. Denken Sie beispielsweise an Ihr berufliches Umfeld. Da mag es Menschen geben, die sich in Lauerstellung positioniert haben, um bei günstiger Gelegenheit keineswegs nur die eigenen Früchte, sondern auch die Früchte anderer zu ernten. Da mag es Menschen geben, die andere für Ihre Zwecke benutzen, um sich eigene Vorteile und Erfolgserlebnisse zu verschaffen. Hier gilt es, sich als Mensch selbstbewusst zu behaupten. Hier kommt es für das eigene Selbstvertrauen und Wohlbefinden darauf an, ein klares, deutliches, unmissverständliches NEIN sagen zu können, ohne sich gleich ein schlechtes Gewissen zu machen oder einreden zu lassen. Es geht darum, aktiv zu werden, das Notwendige zu tun, um zum eigenen Erfolg zu gelangen. Hierzu gehört ganz sicher auch das ein oder andere klare Nein gegenüber Mitmenschen. Sie müssen Ihre Gefühle ordnen und ausdrücken können und schließlich in aktives Handeln übergehen lassen. Selbstbewusstes Verhalten äußert sich nicht nur im Streben nach emotionaler Freiheit, sondern beinhaltet zugleich die Wahrung des Selbstwertgefühls als Voraussetzung für eigene Erfolgserlebnisse und als Voraussetzung für Zufriedenheit und Wohlbefinden.

Hingegen hat ein unangemessenes Verhalten negative Auswirkungen auf Ihre innere, psychische Organisation. Dies führt zu weiteren Ängsten und Spannungen bis hin zu Depressionen. Ihre Selbstsicherheit wird hierdurch zunehmend negativ beeinflusst. Ein Teufelskreis entsteht, denn Sie geraten früher oder später in eine neurotische Spirale. So löst beispielsweise die Angst, seinen Arbeitsplatz zu verlieren, eine Reihe neuer Zweifel und Unsicherheiten aus. Es entstehen Denkweisen wie: "Ich bin ein nutzloser Mensch, der zu nichts taugt; Ich schaffe das bestimmt nicht; Mein Chef wird mich bestimmt bald rausschmeißen; Hoffentlich kommt mein Chef jetzt nicht die Tür rein und ertappt mich beim Versagen; Ich bin ein Pechvogel, ein Versager, dem nie etwas glückt." Solche Denkweisen sind nicht nur unangemessenen, sondern völlig irrational und verstärken wiederum die Ängste und Unsicherheiten noch weiter und führen Sie somit mehr und mehr in eine endlos erscheinende neurotische Spirale. Menschen, die diesen neurotischen Punkt erreicht haben, beginnen sich zu kränken, beschwichtigen jedoch Ihre Mitmenschen, weil sie fürchten, sie zu kränken. Ist das nicht alles sehr paradox und unfair? Wenn Sie diese Frage ganz klar bejahen können, dann haben Sie sich wohl bisher den Sog der neurotischen Spirale weitgehend entziehen können. Nun sehen sich jedoch im engeren Sinne Betroffene nicht mehr in der Lage, ihre eigenen Wünsche zu skizzieren; sie sind unglücklich, wissen aber nicht so recht warum; sie fühlen sich herumgestoßen, weil sie nicht gelernt haben, ihre eigenen Vorstellungen und Bedürfnisse deutlich zu vertreten; sie fühlen sich einsam und unterlegen, weil sie unterlegen sind; sie sehen keinen richtigen Sinn mehr im Leben; sie igeln sich ein und begrenzen wichtige Erfahrungsmöglichkeiten; ja, sie lassen ihre Potentiale, die durchaus noch vorhanden sind, vollends ungenutzt. Jedoch lässt sich diese Spirale umkehren, wenn der jeweils Betroffene sein Denken, Fühlen und sein Verhalten ändert! Oft reicht es aus, die Dinge anders anzupacken, sein Handeln selbstbewusst der Situation anzupassen; einer Situation, die das Selbstwertgefühl stärkt und sich an die eigenen Zielvorstellungen orientiert. Sie sind bereit, diesen Weg zu gehen? Prima.

Sie sehen, dass Sie nicht umher kommen, vordergründig Ihre eigenen, berechtigten Interessen zu vertreten. Eine gesunde Portion Egoismus schadet nicht nur nicht, sondern ist geradezu lebenswichtig, wenn Sie auf dieser Welt nicht nur überleben, sondern auch ein glückliches Leben führen wollen. Dies selbstverständlich im Einklang mit Ihrer natürlichen Umgebung und den berechtigten Interessen Ihres sozialen Umfeldes. Wenn Sie ein innerlich ausgeglichener Mensch sind, dann hat auch dies positive Auswirkungen auf Ihr soziales Umfeld, dann nutzt auch dies Ihren Mitmenschen. Jemand, der ein großes Stück Ruhe, Gelassenheit und Zuversicht ausstrahlt, wird sehr schnell die Sympathien anderer gewinnen. Sie sehen, eine gesunde Portion Egoismus, ein gesundes Maß an egoistischer Zuversicht, stellt auch für Ihre Mitmenschen einen Nutzen dar. Lassen Sie sich kein schlechtes Gewissen einreden, dies ist gewollt, um Sie daran zu hindern, erfolgreich nach berechtigter Selbstverwirklichung zu streben. Ohnehin werden Sie in Ihrem Leben auch immer wieder Menschen antreffen, die Neid und Missgunst empfinden, die Ihnen Ihren Erfolg nicht gönnen oder Sie schlicht zur Besorgung eigener Vorteile über den Tisch ziehen wollen. Seien Sie fair, aber selbstbewusst! Hierzu gehört es auch, dass Sie nein sagen, wenn Sie nein meinen!

Sie halten es derzeit trotz der zuvor gemachten Ausführungen für unwahrscheinlich, anderen Menschen ein klares Nein sagen zu können? Mit den Erkenntnissen, die Sie zum Thema Selbstvertrauen gewonnen haben, wird es Ihnen ganz bestimmt leichter fallen, anderen Menschen ein deutliches Nein zu sagen. Vergessen Sie jedoch nicht, diszipliniert mit diesem Buch zu arbeiten und vergessen Sie bitte auch nicht, die Übungen zur Steigerung des Selbstwertgefühls täglich durchzuführen. Zu den bisher beschriebenen Übungen möchte ich nun noch einige Verhaltensaufgaben an Sie richten. Bitte führen Sie diese Aufgaben unbedingt aus, auch wenn – oder gerade weil – es Ihnen derzeit schwerfällt! Sie müssen lernen, sich zu überwinden! Nur so wird Ihnen ein klares, deutliches und unmissverständliches NEIN über die Lippen kommen! Auch trägt die Durchführung der nachfolgenden Verhaltensaufgaben ebenso dazu bei, Ihr Selbstwertgefühl zu steigern und ein gesundes Selbstbewusstsein zu entwickeln.

**Verhaltensaufgabe 1**

Gehen Sie in ein Lokal, wo Sie niemand kennt. Am besten ist es wohl, wenn Sie in eine andere Stadt fahren. Lassen Sie sich ein heißes Getränk servieren, zum Beispiel einen heißen Tee. Warten Sie, bis die

Kellnerin oder der Kellner Ihren Tisch verlassen hat. Rufen Sie nun ganz kurze Zeit später die Bedienungskraft wieder zu sich. Sagen Sie unmissverständlich, also klar und deutlich: "Der Tee ist kalt. Ich hatte ein heißes Getränk verlangt. Würden Sie mir bitte einen heißen Tee servieren?" Die Bedienungskraft wird Sie zunächst irritiert ansehen. Lassen Sie einen kurzen Augenblick verstreichen. Führen Sie nun beide Hände selbstsicher zum Glas. Sagen Sie: "Einen Moment bitte! Ich hatte den Eindruck, der Tee sei kalt. Nun, dem ist nicht so. Bitte entschuldigen Sie meinen Irrtum!" Rechnen Sie damit, das die Bedienungskraft Sie in dieser Situation für nicht ganz normal hält. Aber Sie konnten diese Reaktion ohnehin voraussehen und daher in Ihr Kalkül einbeziehen. Auf den Hergang als solches kam es Ihnen ohnehin nicht an. Es ging Ihnen einzig darum, sich in scheinbar unangenehmer Situation zu überwinden. Der Anlass selbst ist hier nachrangig und hätte daher auch ein ganz anderer sein können. Und wenn Sie nicht wollen, sehen Sie die Bedienungskraft ohnehin nicht wieder.

Ich hatte Ihnen beizubringen versucht, selbstbewusst, aber fair im Umgang mit anderen Menschen zu sein. Nun, so ganz fair ist diese Aufgabe in Bezug auf Außenstehende nicht. Andererseits können Sie nicht warten, bis sich (und auch nur vielleicht) zufällig eine

Gelegenheit ergibt, in der Sie derart auftreten können. Um aber die offensichtlich außer Acht gelassene Fairness wieder herzustellen, sind Sie bei der Durchführung dieser Aufgabe aufgefordert gewesen, Ihren Irrtum zu entschuldigen. Ja, auch die Entschuldigung erfordert ein gewisses Maß an Überwindung. Somit konnten Sie auch an dieser Stelle eine nützliche Überwindungs-Übung machen. Denn jede Überwindung, die Ihnen gelingt, führt zu mehr Selbstvertrauen, folglich zur Steigerung Ihres Selbstwertgefühls. Berechtigtes Nein-Sagen wird Ihnen sodann zunehmend leichter fallen.

**Verhaltensaufgabe 2**

Keine Sorge, dieses Mal bleibt das Gebot der Fairness von Beginn an gewahrt. Suchen Sie einen Kioskladen auf. Achten Sie auch hier darauf, dass man Sie nicht kennt. Fragen Sie: "Kann ich bitte ein Glas Wasser bekommen?" Wenn Sie tatsächlich ein Glas Wasser erhalten, dann bedanken Sie sich bitte. Trinken Sie das Glas leer und bedanken Sie sich nochmals. Erhalten Sie Ihr Glas Wasser nicht, dann sagen Sie schlicht: "Okay, trotzdem vielen Dank." Gehen Sie hinaus und freuen Sie sich darüber, auch hier Ihre Ängste und Unsicherheiten überwunden zu haben.

**Verhaltensaufgabe 3**

Gehen Sie in fünf kleinere Geschäfte, zum Beispiel in eine Boutique, einen Buchladen oder in ein Schreibwarengeschäft. Entscheidend ist, dass das Geschäft übersichtlich ist und Sie als Kunde sofort auffallen. Nehmen Sie sich vor, nichts zu kaufen! Probieren Sie ein Kleidungsstück, blättern Sie in ein Buch oder schauen Sie sich einige Schreibutensilien genauer an. Denken Sie daran, nichts zu kaufen! Sie verschaffen sich hierdurch die Unbefangenheit, nein zu sagen. Und wenn schließlich eine Verkäuferin oder ein Verkäufer auf Sie zukommt und fragt: "Kann ich Ihnen behilflich sein?", dann antworten Sie klar und deutlich: "Nein, vielen Dank!"

Nun kann es sein, dass Sie etwas gesehen haben, was Sie doch kaufen möchten. Nehmen Sie dies nicht zum Anlass, nun doch etwas zu kaufen. Verschaffen Sie sich kein Alibi, um den Zweck dieser Aufgabe zu untergraben! Wenn Sie zufällig etwas sehen, was Sie wirklich kaufen wollen, dann gehen Sie zum späteren Zeitpunkt nochmals in das Geschäft.

Es gibt unzählige Gelegenheiten, in denen Sie Ihre Unbefangenheit, nein zu sagen oder das direkte Nein-Sagen üben können. Fragen Sie beispielsweise auf der Straße verschiedene Leute nach dem Weg, selbst wenn Sie den Weg kennen. Trauen Sie sich zu sagen, wenn Sie glauben, dass der Weg nicht auf der rechten Seite, sondern auf der linken Seite der nächsten Kreuzung beginnt; Fragen Sie nach, warum jemand unhöflich zu Ihnen ist; Sagen Sie einem Arbeitskollegen, dass er das Radio leiser stellen soll, wenn Sie die Lautstärke bei der Arbeit stört; Stellen Sie klar, dass Sie nicht der Spielball oder Prellbock anderer sind, wenn Sie das Gefühl haben, über den Tisch gezogen zu werden sowie als Sündenbock oder Aggressionsablassventil herhalten zu sollen; Sagen Sie nein, wenn Sie nein sagen wollen!

## 2. Manipulation und Manipulationstechniken

Vorweg: Sicherlich haben Sie bemerkt, dass das Thema Selbstvertrauen eine breiten Raum in diesem Buch eingenommen hat. Hingegen werden die nachfolgenden Kapitel einen erheblich geringeren Raum einnehmen. Seine persönlichen Vorstellungen und Ziele erfolgreich durchzusetzen und seine Mitmenschen berechtigt in die Schranken zu weisen, dies erfordert ein hohes Maß an Selbstbewusstsein. Ohne Selbstvertrauen, ohne dass Sie in der Lage sind, Ihre Vorstellungen und Ziele selbstbewusst zu vertreten, nutzen Ihnen die besten Anwendungstechniken nichts, um Manipulationsversuche anderer abzuwehren oder sich gegen andere wirksam durchzusetzen. Das Streben nach mehr Selbstbewusstsein hat daher in diesem Handbuch absolute Priorität. Ganz zwangsläufig nimmt hierbei das Thema Selbstbewusstsein einen breiten Raum ein. Ihr Erfolg und Ihr Lebensglück baut darauf auf, dass Sie sich vertrauen, dass Sie die Dinge selbstbewusst und somit cool angehen. Wie Sie die Dinge im Einzelnen angehen und welche Techniken Sie hierbei verwenden, ist eher sekundär. Sicherlich jedoch ist es sehr hilfreich und nützlich, bestimmte Techniken im Umgang mit anderen Menschen anwenden zu können.

Mit der Durchsetzungstechnik beabsichtigt der Manipulator, sein vorgegebenes Ziel unbedingt zu erreichen. Er kann hierbei emotional orientiert (persönliche Ebene) oder überzeugungsorientiert (Aufstellen von Argumentationsfallen) vorgehen. Typische Strategien bei emotionaler Orientierung: Emotionen aufbauschen; Zugeständnisse nur zum Schein machen; Sein Gegenüber nur oberflächlich informieren; Drohungen und Lügen verbreiten; Sein Gegenüber persönlich angreifen; Sein Gegenüber ein schlechtes Gewissen einreden und Zeitdruck erzeugen. Typische Strategien bei überzeugungsorientierter Vorgehensweise: Scheinargumente bringen und Überredungstaktiken anwenden; Sein Gegenüber mittels Scheinbefürwortung schmeicheln oder mittels der Ausübung von Autorität einschüchtern.

Mit der Sabotagetechnik beabsichtigt der Manipulator, eine für ihn unangenehme Situation, etwa eine Diskussion platzen zu lassen, ohne hierfür die Verantwortung übernehmen zu wollen. Seine Strategie kann hierbei wie folgt aussehen: Sich unkooperativ verhalten; Sein Gegenüber absichtlich missverstehen; Unterstellungen und Lügen äußern sowie Beleidigungen und Gesprächsabbruch provozieren; Tränen fließen lassen und bei seinem Gegenüber ein schlechtes Gewissen erzeugen; einen plötzlichen Termin vortäuschen, so Zeitdruck und den Abbruch herbeiführen wollen.

**68**

## 2.3. Manipulationsversuche wirksam abwehren

Sie kennen nun die drei Grundtechniken, die so oder in ähnlicher Form zur Manipulation von Menschen eingesetzt werden. Nun geht es darum, möglichst elegante, aber dennoch wirksame Abwehrtechniken gegen Manipulationsversuche anderer einsetzen zu können.

Die strategische Vorgehensweise des Manipulators kann bei allen drei Grundtechniken im Einzelnen unterschiedlich sein. Lesen Sie sich die einzelnen strategischen Vorgehensweisen hinsichtlich der Blockade-, Durchsetzungs- und Sabotagetechnik nochmals in Ruhe durch. Auffällig sind hier zwei Grundstrategien, die der Manipulator bevorzugt einsetzt: Die Manipulation durch Argumentationsfallen und Scheinargumente sowie die emotionale bzw. personalisierte, meist angriffsbezogene Manipulation. Welche Abwehrtechniken Sie nun einsetzen, hängt davon ab, für welche strategische Vorgehensweise der Manipulator sich im Einzelnen und für welche Grundstrategien er sich im Besonderen entschieden hat. Ich möchte meine Erläuterungen nicht unnötig komplizieren, aber Sie sollten zumindest in den Grundzügen wissen, welche Möglichkeiten sich dem Manipulator zur Manipulation von

Menschen bieten. Nur so können Sie Manipulationsversuche erkennen und schließlich abwehren. Nun aber zu den einzelnen Abwehrtechniken, die Sie bei den zuvor beschriebenen Grundstrategien des Manipulators einsetzen können.

Um sich vor Argumentationsfallen und Scheinargumenten zu schützen, sollten Sie wie folgt vorgehen:

- ■ Hören Sie genau hin, was Ihr Gesprächspartner sagt. Denn oftmals arbeitet der Manipulator mit versteckten Argumentationstricks und Scheinargumenten. Eine beliebte Manipulationsstrategie ist die Schwarzmalerei. Hierbei vermittelt der Manipulator den Eindruck einer auf Logik aufgebauten Argumentation. Er zeichnet hypothetische Szenerien auf oder setzt zur Verstärkung des logischen Drucks Entweder-Oder-Argumente ein. Es gibt noch viele, weitere Argumentationstricks, wobei Sie Ihre Abwehrtechnik ähnlich diesem Beispiel einsetzen können. Lassen Sie uns nun einen Schritt weiter gehen, bevor wir zu den eigentlichen Abwehrtechniken kommen!

- ■ Sie haben Ihrem Gesprächspartner aufmerksam zugehört und seinen Manipulationsversuch erkannt. Jetzt, wo Sie die strategische Vorgehensweise des Manipulators durchschaut haben, haben Sie im Allgemeinen die Möglichkeit, Schwachstellen der jeweiligen Manipulationsstrategie zu identifizieren und Gegenmaßnahmen einzuleiten.

■ Zeigen Sie sich selbstbewusst. Sagen Sie dem Manipulator ganz klar, dass Sie ein konstruktiv geführtes Gespräch wünschen und nicht manipuliert werden wollen. Halten Sie ihm die Art seiner strategischen Vorgehensweise vor und nennen Sie sie beim Namen, z. B. Anwendung der Überredungstaktik, Einbringen selektiver Informationen. Wenn der Manipulator feststellen muss, dass Ihnen der Sachverhalt "Manipulation von Menschen" nicht neu ist, dann wird er wohl ziemlich irritiert und erschrocken abwiegeln. Die Situation, durchschaut worden zu sein, ist dem Manipulator gewiss peinlich. Selbst, wenn er sich nichts anmerken lassen will, so haben Sie normalerweise erreicht, dass er seine strategische Vorgehensweise Ihnen gegenüber nicht wiederholt einsetzt.

■ Warten Sie die Argumentation des Manipulators ab. Hinterfragen Sie seine Argumentation dann kritisch und zielen Sie hierbei auf die Schwachpunkte des Argumentationstricks ab. Stellen Sie die Fragen als elegante Gegenmaßnahme in einem höflichen Ton.

Sie haben noch weitere Möglichkeiten, Manipulationsversuche wirksam abzuwehren. So können Sie vom Manipulator eine "echte", sachorientierte Begründung einfordern, seine Argumentation schlicht ignorieren oder sich dumm stellen. Letztere Methode ist insbesondere dann sinnvoll, wenn Sie Ihren Gesprächspartner nicht gleich "outen" wollen, damit dieser sein Gesicht wahren kann. Es reicht oft schon aus, wenn Sie ein elegantes Warnsignal absenden. Mit der Technik des dumm Stellens signalisieren Sie dem Manipulator, den Manipulationsversuch erkannt zu haben, obgleich Sie ihn als Missverständnis Ihrerseits interpretieren. Nun muss das Missverständnis geklärt werden, bevor das Gespräch fortgesetzt werden kann. Der Manipulator wird die unterschwellig warnende Botschaft sicherlich wahrnehmen und richtig einzuordnen wissen.

## 3. Stress – und nichts geht mehr?

## 3.1. Grundsätzliches zum Thema Stress

Die Anforderungen an uns Menschen nehmen rasant zu. Ob Zuhause, in der Schule oder im Beruf: Wir alle fühlen uns zunehmend gestresst. Den höher gewordenen Anforderungen in Schule und Beruf fühlen wir uns kaum noch gewachsen. Für Freizeit und Hobbys scheint nur noch wenig oder gar keine Zeit mehr vorhanden zu sein. Phasen der Ruhe und Erholung scheinen uns verwehrt zu sein. Wir fühlen uns zunehmend unzufrieden, unausgeglichen und gereizt. Bei Stress als Dauerzustand können Bluthochdruck und Magengeschwüre die Folge sein, bis hin zum Herzinfarkt. Mit den hier vorgestellten Entspannungsmethoden, die bewusst zur kurzfristigen Anwendung ausgelegt sind, können Sie lernen, relativ zeitnah ruhiger und gelassener zu werden, um negative Stress-Situationen erfolgreich in den Griff zu bekommen. Hierbei hilft es Ihnen zu wissen, dass nicht jede Stress-Situation negativ besetzt ist, sondern es auch positive Stress-Situationen gibt.

Positiver Stress wird nicht als negativ belastender Stress empfunden, sondern bringt Sie weiter und verschafft Ihnen letztlich mehr Wohlbefinden. Ob Stress-Situationen positiv oder negativ auf Sie wirken, hängt auch davon ab, ob Sie belastende Situationen eher als Druck oder Herausforderung empfinden. Bedenken Sie bitte, dass ein gewisses Maß an Spannung notwendig ist, damit Sie schnell und zuverlässig reagieren können. Positiver Stress hilft Ihnen, sich zu konzentrieren und insbesondere Gefahrensituationen zu erkennen. Wenn Sie zum Beispiel in einer gefährlichen Situation im Straßenverkehr als Reaktion auf Stress blitzschnell auf die Bremse treten, dann haben Sie mit dieser intuitiven Stressreaktion möglicherweise Ihr Leben gerettet.

Aber auch in weniger gefährliche Situationen wie wichtige Gespräche oder Prüfungstermine ist es von Nutzen, eine besondere Anspannung und Wachheit zu verspüren. Selbst in Situationen, in denen wir Lob und Anerkennung erfahren, schlägt unser Puls und Herz schneller, haben wir vielleicht feuchte Hände, sind hellwach und empfinden mutmaßlich echten Stress. Hier jedoch wirken sich die Stress-Symptome positiv auf unseren Organismus aus und fördern zugleich ein deutliches, nachhaltiges Erleben der jeweiligen Situation. In welchem Ausmaß wir Stress-Situationen als negativ belastend oder als positiv empfinden, ist abhängig von der jeweils eigenen inneren Einstellung.

Ohnehin ist unser Stressempfinden subjektiv geprägt. Eine Situation, die wir heute noch als stressig empfinden, würden wir vielleicht einige Tage später mit viel mehr Gelassenheit angehen. Wir müssen lernen, Stress-Situationen objektiv einzuordnen. Wir müssen lernen zu unterscheiden, wo uns die innere Anspannung nützlich ist und wo sie uns schaden könnte. Wir müssen auch lernen zu erkennen, wo sich das Empfinden von Stress nicht lohnt, weil sich dadurch die Situation ohnehin nicht positiv ändern ließe. Es muss uns darum gehen, den ungesunden, negativen Stressauslösern wirksam entgegenzuwirken und einen Gegenpool zu den vielen Stressoren zu errichten. Dies erfordert regelmäßige Entspannungsübungen sowie eine gesunde, bejahende Lebenseinstellung. Nehmen Sie sich ab heute die Zeit, sich regelmäßig bewusst zu entspannen, besinnen Sie sich auf Ihre inneren Werte. Ja, gönnen Sie sich von nun an mehr Lebensfreude!

## 3.2. Erste-Hilfe-Maßnahmen gegen Stress

■ Investieren Sie Zeit in Ihre Zeit! Nehmen Sie sich vor, mindestens fünfzehn Minuten am Tag bewusst abzuschalten. Sie haben keine Zeit? Glauben Sie mir: Sie haben Zeit! Wenn Sie das Gefühl haben, nicht mehr über Ihre Zeit verfügen zu können, weil äußere Einflüsse Ihnen dies scheinbar unmöglich machen, dann werden Sie es als um so wohltuender empfinden, wenn es Ihnen gelingt, eine Verschnaufspause einzulegen. Die Erfahrung, selbst wieder Prioritäten setzen zu können, wird Ihnen zudem Genugtuung, neue Zuversicht und mehr Wohlbefinden geben.

■ Nutzen Sie die Werbeminuten im Fernsehen zum Entspannen. Lehnen Sie sich bequem in den Sessel zurück oder gehen Sie auf dem Balkon und lenken Sie sich durch angenehme Gedanken von negativen Tageserlebnissen ab.

■ Nehmen Sie sich vor, ein Buch oder eine Zeitschrift zu lesen. Teilen Sie Ihr Lesepensum in Abschnitte ein. So könnten Sie jeden Tag ein neues, weiteres Kapitel in Ihrem Buches lesen oder täglich nur ein oder zwei Artikel einer Monatszeitschrift. Oder hören Sie regelmäßig für Sie angenehme Musikstücke. Nehmen Sie sich vor, mindestens drei Musikstücke anzuhören und sich hierbei mental zu entspannen.

- Gönnen Sie sich den notwendigen Schlaf und mindestens ein Mal pro Woche ein Entspannungsbad. Sorgen Sie neben der mentalen Entspannung auch für Ihr physisches Gleichgewicht, welches Ihr psychisches Gleichgewicht günstig beeinflusst. Betreiben Sie ein wenig körperliche Fitness. Gehen Sie beispielsweise regelmäßig schwimmen und/oder joggen oder fahren Sie mit dem Fahrrad ins Grüne. Aber auch Trendsportarten wie Walking verschaffen Ihnen mehr innere sowie äußere Ausgeglichenheit. Aber bitte überfordern Sie sich nicht, schließlich kann es nicht in Ihrem Interesse liegen, neuen Stress entstehen zu lassen. Sie sollen ganz einfach nur Spaß an Ihrem Fitness-Programm haben und sich keinesfalls unter Druck setzen. So ist beispielsweise das Walken leicht zu erlernen und zudem weniger anstrengend. Wenn Sie sich im Rahmen Ihrer körperlichen Möglichkeiten fit halten, dann schaffen Sie gleichzeitig einige wichtige Voraussetzungen dafür, dass Ihr Organismus Sie in Stress-Situationen nicht gleich in Stich lässt.

# Praxis-Training gegen übersteigerte Ängste

Sie kennen nun die Gründe Ihrer übersteigerten Ängste, haben sich bereits mit einigen Bewältigungsstrategien vertraut gemacht und Sie haben sich fest vorgenommen, alles zu tun, um künftig missliche und hinderliche Ängste in den Griff zu bekommen und auf die verschiedensten Situationen im Leben gut vorbereitet zu sein. Herzlichen Glückwunsch! Sie haben hiermit bereits einen großen Schritt zum ganz persönlichen Erfolg getan. Nun geht es darum, sich von den Angst auslösenden Gedanken zu befreien oder sie zumindest nicht so stark auf sich wirken zu lassen. Ziel des Praxis-Trainings ist es, Angst auslösende Gedanken als "Saboteure" zu entlarven, durch angenehme Gedanken und eine positive Selbsteinschätzung zu ersetzen und die Konzentration bewusst auf die objektive Einschätzung der Lebenssituation zu lenken. Das Praxis-Training wird Ihnen ganz sicher eine zusätzliche, wichtige Hilfe sein, um sich von den hinderlichen Ängsten zu befreien.

**Das mentale Training**

Phase 1:
Lesen Sie die im Oktavheft eingetragenen rationalen Gedanken mindestens 10-mal pro Tag „bewusst" durch und versuchen Sie hierbei, die rationalen Gedanken

„selbstbewusst" zu untermauern (vgl. Seite 50). Dies führt dazu, dass in übersteigerten Angstsituationen ebenso die rationalen Gedanken im Kopf abgerufen werden. Die Angst auslösenden Gedanken werden so zunehmend durch rationale Gedanken ersetzt.

Phase 2:
Selbst wenn es Ihnen vermehrt gelingt, Angst auslösende durch rationale Gedanken zu ersetzen, so nehmen Sie bitte die verbliebenen Ängste dennoch zur Kenntnis. Sagen Sie sich: „Ich befinde mich nicht in Lebensgefahr. Panikgedanken hindern mich am wirkungsvollen Handeln. Aber jedes Handeln, das ich zuvor unter Berücksichtigung der eigenen, berechtigten Interessen rational geprüft habe und nunmehr bereit bin umzusetzen, ist besser, als in meiner Angst zu erstarren und untätig zu bleiben. Folglich bleibe ich ganz ruhig und gelassen und konzentriere mich auf die zu bewältigende Situation. Ich habe es bis hierher geschafft und ich werde noch weiterkommen".

Phase 3:
Wenn übersteigerte Angstzustände jedoch weiterhin Ihr Wohlbefinden massiv beeinträchtigen, dann sagen Sie sich: „Ich werde alles tun, um die konkrete Situation zu bewältigen. Die Erkenntnisse aus diesem Buch werden mir ganz sicher mehr Selbstsicherheit geben und

lassen mich durchaus die Situation meistern. Ich brauche keine Selbstzweifel zu haben, nur weil ich mir unnötig Angst auslösende Gedanken mache. Ich bleibe also ganz gelassen, atme erst einmal ruhig durch und konzentriere mich hierbei auf meinen Atem. Ich lasse nun die Panikgedanken vorüberziehen. Was bleibt, ist mein Atem. Solange ich atme, lebe ich, und das ist mir am wichtigsten. Nun kann ich mir vorstellen, die hinderlichen Angstzustände wirklich in den Griff zu bekommen. Gewiss, ein wenig Angst wird mir bleiben. Jedoch brauche ich diese Rest-Angst als Teil der natürlichen Angst nicht zu fürchten. Vielmehr hilft sie mir, die Konzentration zu optimieren und die Gedanken auf das berechtigte Handeln zu lenken. Die anerzogenen Ängste habe ich nicht zu verantworten und ich brauche deshalb diese Ängste nicht zu tolerieren. Die natürliche Angst hingegen stellt keine Bedrohung für mich dar, sondern hilft mir, die Aufmerksamkeit zu erhöhen und meine berechtigten Interessen durchzusetzen".

Phase 4:
Sofern Ihnen übersteigerte Angstzustände bereits in einer Phase hinderlich sind, in der die konkrete Situation erst bevorsteht, so sagen Sie sich: „Die Angst ist absolut unbegründet. Ich habe noch genügend Zeit, um mich auf die Situation vorzubereiten. Ich werde zunächst Argumente sammeln, den möglichen Verlauf gedanklich „durchspielen" und hierbei ganz ruhig und regelmäßig

atmen. Mir kann also nichts passieren. Ja, die von mir zu bewältigende Situation kann erfolgreich verlaufen, ganz so, wie ich es mir vorstelle. Es ist ein schönes Gefühl, eine konkrete Situation nach den eigenen Vorstellungen zu meistern und hierfür möglicherweise von der einen oder anderen Person bewundert oder sogar gratuliert zu werden. Ja, ich stelle mir das wunderbar vor. Jetzt aber werde ich mich hinsetzen und mich zunächst mit der bevorstehenden Situation gedanklich befassen. Und ich möchte gut vorbereitet sein. Ich bleibe also ganz ruhig und „spiele" die mir möglicherweise bevorstehende Situation ganz gelassen durch. Ich habe die Möglichkeit, die Situation zu bewältigen".

## Das Entspannungstraining

Phase 1:
Machen Sie sich bewusst, dass Ihnen das Entspannungstraining hilft, unmittelbar positiv auf das vegetative Nervensystem einzuwirken. Somit ist es möglich, die körperlichen Symptome wie Kopfschmerzen, Schwindel, Herzklopfen, Schwitzen, Muskelanspannungen sowie Magen- und Darmbeschwerden relativ gut in den Griff zu bekommen. Sagen Sie sich: „Einzig ich selbst habe es in der Hand, die Kontrolle über meinen Körper zu besitzen, nicht meine Angst. Die Angst wird meine Leistungsfähigkeit und meinen Willen nicht herabsetzen können, weil ich durch die Atemübung und durch die

Muskeltiefenentspannung meine inneren Erregungszustände deutlich schwächen und die Muskelanspannungen auflösen werde. Das wird für mehr Ruhe sowohl nach Innen als auch nach Außen sorgen".

Phase 2:
Mit der Atemtiefenentspannung lässt sich die Sauerstoffzufuhr verringern und somit Angstzuständen und Anspannungen relativ schnell entgegenwirken. Sie dient demnach der spontanen Entspannung und hilft Angstgefühle bewusst zu kontrollieren.

Atmen Sie gleichmäßig tief ein und aus und wieder ein. Halten Sie den Atem etwa acht Sekunden an. Atmen Sie nun langsam aus und wieder tief ein. Halten Sie den Atem wieder für acht Sekunden an. Atmen Sie nun langsam aus und wieder tief ein. Wiederholen Sie diese Atemübung mehrmals am Tag für die Dauer von jeweils drei Minuten. Diese Atemübung sollte insbesondere vor dem Schlafengehen und unmittelbar nach dem Aufstehen regelmäßig eingesetzt werden. Bereits nach wenigen Tagen lassen sich die ersten Erfolge erzielen, sodass Sie sich deutlich entspannter fühlen.

Phase 3:
Mit der Muskeltiefenentspannung lassen sich Muskelanspannungen sowie Verkrampfungen auflösen und in-

nere Erregungszustände deutlich schwächen. Muskelanspannungen sowie Verkrampfungen treten häufig bei Angstzuständen auf. Die Muskelaktivität wird demnach von Gefühlsregungen beeinflusst. In der Folge lassen sich Angstzustände ebenso durch gezielte Muskelentspannungsübungen verringern. Die Übungen der Muskeltiefenentspannung beruhen auf der wechselweisen Anspannung und Entspannung der Muskulatur. Durch bewusstes Entspannen wird das autonome Nervensystem beruhigt, sodass sich Angstgefühle durch die hilfreichen Gefühle der Ruhe ersetzen lassen.

Suchen Sie einen ruhigen Raum auf, legen Sie sich auf eine Matratze oder nehmen Sie eine bequeme Sitzhaltung ein. Nun atmen Sie mehrmals tief ein und wieder aus. Lassen Sie Ihre Muskulatur ganz locker werden. Sie fühlen nun die angenehme Schwere der Schultern, der Arme, des gesamten Oberkörpers sowie der Beine. Machen Sie sich zu Beginn der Übung das Gefühl der Entspannung für etwa eine Minute bewusst. Nun beginnen Sie, jeden einzelnen Muskel Ihres Körpers nacheinander fünf Sekunden lang anzuspannen. Beginnen Sie mit der rechten Hand. Ballen Sie sie für fünf Sekunden zu einer festen Faust. Lösen Sie langsam Ihre Faust. Ihre rechte Hand sollte wieder ganz entspannt sein. Beziehen Sie nun Ihre Arme, Schultern, Ihren Nacken, Brustkorb, Bauch, Po sowie Ihre Oberschenkel,

Waden, Füße und Zehen nacheinander in die Übung mit ein. Wechseln Sie von den rechten zu den linken Körperteilen. Vermeiden Sie jedoch Verkrampfungen. Entspannen Sie Ihre Muskeln nun wieder und machen Sie sich die entspannende Wirkung für etwa fünfzehn Sekunden bewusst. Wiederholen Sie die gesamte Übung etwa 5-mal. Diese Übung sollte mindestens 3-mal täglich eingesetzt werden, insbesondere vor dem Schlafengehen. Erleben Sie bewusst, wie Ihnen die wechselweise Anspannung und Entspannung der Muskulatur gelingt. Genießen Sie nach jeder Übung das Gefühl, den Körper kontrolliert positiv beeinflussen zu können, und nicht mehr zwangsläufig den körperlichen Symptomen ausgesetzt zu sein, die mit Angstgefühlen verbunden sind. Sie haben nun ein Mittel zur Hand, sich gezielt gegen Gefühle der Hilflosigkeit wehren. Sie werden zunehmend merken, wie Ihnen die Entspannungsübung, somit die Fähigkeit, sich gezielt zu entspannen, mit jeder durchgeführten Übung immer besser gelingt.

So wie die Muskeln, die wir nicht gebrauchen, verkümmern, so verkümmert unser Selbstvertrauen, wenn wir es nicht täglich aufs Neue praktizieren.

Sprichwort

Wer heute einen Gedanken sät, erntet morgen die Tat, übermorgen die Gewohnheit, dann den Charakter und dann sein Schicksal.

Gottfried Keller

Jeder Erfolg, den man erzielt, schafft uns einen Feind. Man muss mittelmäßig sein, wenn man beliebt sein will.

Oscar Wilde

Solange man nicht aufgibt, ist man nicht besiegt.

Konfuzius

Unsere größte Heldentat besteht nicht darin, niemals hinzufallen, sondern jedes Mal wieder aufzustehen, wenn wir gestürzt sind.

Konfuzius

## 2.2. Typische Manipulationstechniken

Zur Manipulation von Menschen kann der Manipulator im Wesentlichen auf drei Grundtechniken zurückgreifen. Welche der Techniken zum Einsatz kommt, richtet sich nach der jeweiligen Strategie des Manipulators. Es wird die jeweils erfolgversprechendste Strategie gewählt, diejenige Manipulationstechnik, die am ehesten erwarten lässt, dass mögliche Abwehrtechniken ohne Wirkung bleiben. Hierzu stehen dem Manipulator folgende Grundtechniken zur Verfügung, und zwar die Blockade-, die Durchsetzungs- und die Sabotagetechnik.

Mit der Blockadetechnik beabsichtigt der Manipulator, dass ein anderer sein Ziel nicht erreicht. Meistens sind die Motive persönlich (irrational) geprägt, denn darüber hinaus verfolgt der Manipulator keine eigenen Ziele. Sein strategisches Vorgehen kann beispielsweise in einer Gesprächssituation mit mehreren Teilnehmern wie folgt aussehen: Einen provokativen, völlig aus dem Zusammenhang gerissenen Standpunkt erheben; Erklärungen verweigern und Informationen blockieren; Argumente bewusst nicht verstehen oder Personen bewusst missverstehen wollen; Fragen ausweichen und vom Thema ablenken wollen; Scheininteressen oder Scheinargumente vorbringen.

## 2.1. Grundsätzliches zur Manipulation von Menschen

Immer wieder gelingt es Menschen, andere zu veranlassen, sich so zu verhalten oder so zu handeln, wie diese es ursprünglich nicht wollten. Sie spüren in der Regel die Vereinnahmung ihrer Person für Zwecke, die nicht wirklich ihre eigenen Interessen sind. Dennoch können sich diese Menschen nicht wirksam dagegen wehren. Sie werden von anderen geschickt manipuliert. Oftmals jedoch hat der Manipulierte nicht einmal bemerkt, dass er soeben überrumpelt worden ist. Dies kann in Verhandlungen und Gesprächssituationen wie Diskussionen oder in ganz banalen Alltagssituationen passieren. Jemand, der den Manipulationsversuch eines anderen bemerkt, versucht entweder ebenfalls zu manipulieren oder er lässt sich einschüchtern, resigniert und gibt sich schließlich geschlagen. Dabei gibt es Methoden, mit denen sich Manipulationsversuche gezielt abwehren lassen. Hierzu ist es jedoch erforderlich, den Manipulationsversuch zu erkennen, um diesen dann mit gezielten Techniken abzuwehren.